Den.*** — 1870 - Janvier - 17

# CATALOGUE

DES

# LIVRES FRANÇAIS

ET ÉTRANGERS

(EN PARTIE RELIÉS PAR CAPÉ)

COMPOSANT LA

## BIBLIOTHÈQUE DE M. DEN***.

*Dont la vente aura lieu le lundi 17 janvier 1870,*
*et les quatre jours suivants,*

**Maison Silvestre, rue des Bons-Enfants, 28**
(Salle n° 1)

A SEPT HEURES DU SOIR

Par le ministère de Me DELBERGUE-CORMONT, commissaire-priseur,
Rue de Provence, 8

PARIS
ADOLPHE LABITTE, LIBRAIRE
4, RUE DE LILLE, 4

1870

GARÇIN DE TASSY.

# HISTOIRE
DE LA
# LITTÉRATURE HINDOUIE
ET HINDOUSTANIE

**Seconde édition, considérablement augmentée**

Paris, 1870. — 3 vol. in-8.

Prix pour les souscripteurs, 12 fr. le volume.

Le tome premier vient de paraître.

Paris. — Imprimerie Ad. Lainé, rue des Saints-Pères, 19.

# CATALOGUE

DES

# LIVRES FRANÇAIS

ET ÉTRANGERS

COMPOSANT LA

BIBLIOTHÈQUE DE M. DEN***.

Paris. — Imprimerie Adolphe Lainé, rue des Saints-Pères, 19.

# CATALOGUE

DES

# LIVRES FRANÇAIS

ET ÉTRANGERS

(EN PARTIE RELIÉS PAR CAPÉ)

COMPOSANT LA

BIBLIOTHÈQUE DE M. DEN***.

*Dont la vente aura lieu le lundi 17 janvier 1870,*
*et les quatre jours suivants,*

**Maison Silvestre, rue des Bons-Enfants, 28**
(Salle n° 1)

A SEPT HEURES DU SOIR

Par le ministère de Me DELBERGUE-CORMONT, commissaire-priseur,
Rue de Provence, 8

PARIS
ADOLPHE LABITTE, LIBRAIRE
4, RUE DE LILLE, 4

1870

# ORDRE DES VACATIONS.

---

**Première Vacation. — *Lundi* 17 *janvier* 1870.**

| | | | |
|---|---|---|---|
| Belles-lettres | nos 208 | à | 306 |
| Jurisprudence, Sciences et arts | 56 | à | 120 |
| Collections et Mélanges | 759 | à | 783 |

**Deuxième Vacation. — *Mardi* 18 *janvier*.**

| | | | |
|---|---|---|---|
| Sciences et arts | 121 | à | 149 |
| Théologie | 1 | à | 55 |
| Poésie française | 337 | à | 452 |
| Épistolaires, Polygraphes | 666 | à | 706 |

**Troisième Vacation. — *Mercredi* 19 *janvier*.**

| | | | |
|---|---|---|---|
| Romans et Contes | 518 | à | 610 |
| Théâtre | 484 | à | 517 |
| Voyages, Histoire | 784 | à | 856 |
| Polygraphes | 707 | à | 722 |

**Quatrième Vacation. — *Jeudi* 20 *janvier*.**

| | | | |
|---|---|---|---|
| Facéties, Anas, Proverbes | 611 | à | 665 |
| Histoire, Archéologie, Histoire littéraire | 857 | à | 1007 |
| Polygraphes | 723 | à | 743 |

CINQUIÈME VACATION. — *Vendredi 21 janvier.*

| | | | |
|---|---|---|---|
| Bibliographie | 1042 | à | 1064 |
| Biographie | 1008 | à | 1041 |
| Beaux-arts | 150 | à | 207 |
| Poëtes français | 307 | à | 336 |
| moins | | | 316 |
| Polygraphes | 744 | à | 758 |
| Théâtre | 454 | à | 483 |
| Alain Chartier | | | 316 |

---

## CONDITIONS DE LA VENTE.

La vente a lieu expressément au comptant.

Les acquéreurs payeront 5 centimes par franc applicables aux frais.

Les livres vendus devront être collationnés sur place dans les vingt-quatre heures de l'adjudication. Passé ce délai, ou une fois sortis de la salle de vente, ils ne seront repris pour aucune cause.

Il y aura, chaque jour de vente, DE DEUX A QUATRE HEURES, exposition des livres composant la vacation du soir.

---

## AVIS IMPORTANT.

---

Les numéros suivants ne seront pas vendus :

12 — 14 — 68 — 146 — 237 — 243 — 244 — 253
262 — 431 — 434 — 444 — 445 — 454 — 472 — 482
490 — 509 — 510 — 511 — 512 — 595 — 624 — 778
779 — 825

---

*NOTA.* — Le n° 315, *le Retour de Mathéolus*, est un fac-simile de l'édition de 1518.

# CATALOGUE

DE

# LIVRES FRANÇAIS

EN PARTIE RELIÉS PAR CAPÉ

COMPOSANT LA BIBLIOTHÈQUE DE M. DEN****.

## THÉOLOGIE.

1. Biblia. *Lutetiæ, ex officina Roberti Stephani, typographi regii,* M.D.XLV, 1 vol. in-8, parch.

Cette édition est accompagnée de l'interprétation tirée de l'édition de Zurich 1543 et des notes de Vatable.

2. La Sainte Bible (trad. par l'abbé Le Gros). *Paris, Desoer*, 1819, 7 vol. in-18, dos et coins de mar. violet, tr. sup. dor. n. rog.

3. La Sainte Bible, trad. sur les textes originaux avec les différences de la vulgate (par Nic. Le Gros). *Cologne,* 1739, in-12, front. gravé, anc. rel. parchemin.

4. Novum Testamentum. *Parisiis, Typogr. regia,* 1649, 2 vol. pet. in-8, v. f. (*Bozérian le jeune.*)

5. Histoire et concorde des quatre Évangélistes, contenant, selon l'ordre des temps, la vie et les instructions de N.-S. Jésus-Christ (par Antoine Arnauld). *Paris*, 1669, in-12, mar. dent. tr. dor.

6. Horæ biblicæ, ou Recherches littéraires sur la Bible... trad. de l'anglais de Charles Butler (par

Boulard). *Paris*, 1810, in-8, dos et coins de mar. tr. sup. dor. n. rog.

7. L'Esprit de la Bible, contenant les jugements des plus célèbres écrivains sur la Bible et les plus beaux passages de ce livre, etc. *Paris*, 1826, 1 vol. in-8, d.-rel. v.

8. Les Évangiles apocryphes, traduits et annotés d'après l'édition de J.-C. Thilo, par Gustave Brunet. *Paris*, 1848, 1 vol. in-12, d.-rel. v.

9. Recherches historiques sur la personne de Jésus-Christ, sur celle de Marie, sur les deux généalogies du Sauveur, etc., par un ancien bibliothécaire (Gabriel Peignot). *Dijon*, 1829, 1 vol. in-8, toile.

10. Pour et contre la Bible, par Sylvain M*** (Maréchal). *A Jérusalem*, *l'an de l'ère chrétienne*, 1801, in-8, d.-rel. mar. pap. vél.

11. De Imitatione Christi, recens. Valart. *Parisiis*, *Barbou*, 1773, in-12, v. éc. fil.

12. L'Imitation de Jésus-Christ, trad. par l'abbé de Lamennais. 26e édit. *Paris*, 1853, in-18, mar. dent. tr. dor. écusson sur les plats. (*Capé*.)

13. L'Imitation de Jésus-Christ, trad. du latin par Michel de Marillac. Edition nouvelle soigneusement revue et corrigée par M. de Sacy. *Paris*, *Techener*, 1854, in-16, vign. mar. r. fil. dent. tr. dor. (*Capé*.)

14. Leçons de l'Evangile commentées par l'Imitation de Jésus-Christ, mises en ordres et publiées par M. Grenouilleau, curé de Villeneuve-sur-Lot. *Paris*, 1845, in-18, mar. tr. dor.

15. Mélanges sur l'auteur de l'Imitation de J.-C. In-8, d.-rel.

16. Dissertation sur 60 traductions françaises de l'Imitation de Jésus-Christ, par Barbier. *Paris*, *Lefèvre*, 1812, in-12, dos et coins de mar. tr. sup. dor. n. rog.

17. Introduction à la vie dévote, de saint François de Sales... Nouvelle édition sur la copie que l'auteur a revue avant son décès..... *Paris*, *Fréd. Léonard*, 1695, pet. in-12, mar. jans. tr. dor.

18. Explication des maximes des saints sur la vie intérieure, par Fénelon. *Paris*, 1697, 1 vol. in-12, v. b. (*Bel exempl.*)

19. Traitez du libre-arbitre et de la concupiscence, par Bossuet. *Paris*, *Alix*, 1731, in-12, v. b.

20. Bibliothèque spirituelle, publiée par M. de Sacy. *Paris*, *Techener*, 1854-1860, 17 vol. gr. in-16, d.-rel. tr. sup. dorée.

21. Directions pour la conscience d'un roi, par Fénelon ; trois lettres du même à Louis XIV. *Paris*, *Renouard*, 1825, in-12, pap. vél. dos et coins de mar. tr. sup. dor. non rog. fig.

22. Réflexions sur la miséricorde de Dieu, par M^me^ de La Vallière. *Paris*, 1766, br.

23. Pensées de Pascal. *Paris*, *Lefèvre*, 1824, 2 vol. in-32, v. fil. portr.

24. Pensées de Pascal, précédées de sa vie par M^me^ Perrier, sa sœur. *Paris*, *Didot*, 1842, in-12, d.-rel. v.

25. Lettres provinciales, par Pascal. *Paris*, *Lefèvre*, 1823, 2 vol. in-32, v. f.

26. Disputationum de sancto matrimonii sacramento tomi tres, auctore Thoma Sanchez. *Antuerpiæ*, *Mat. Nutius*, 1607, 3 tom. en 1 vol. in-fol. d.-rel. dos de v. coins de parch.

Marges bien conservées et qui présentent de nombreux témoins. Rare.

27. Histoire des variations des Églises protestantes, par Bossuet. *Paris*, *Desprez*, 1734, 4 vol. in-12, v. b. — Défense de l'Histoire des variations contre la réponse de Basnage, par Bossuet. Edition originale. *Paris*, 1691, 1 vol. in-12, v. b.

28. Traité des superstitions qui regardent les sacremens, selon l'Ecriture sainte, par J.-B. Thiers. *Paris,* 1741, 4 vol. in-12, v. b.

29. Explication des cérémonies de la Fête-Dieu d'Aix en Provence, ornée de fig... (par Gaspard Grégoire). *Aix, Esprit David,* 1777, in-12, dos et coins de mar. r. tr. sup. dor. non rog.

30. Traité des cloches, et de la sainteté de l'offrande du pain et du vin aux messes des morts, par J.-B. Thiers. *Paris,* 1781, 1 vol. in-12, v. b.

31. Traité sur les miracles, par Jacques Serces. *Amsterdam, P. Humbert,* 1729, 1 vol. in-12, v.

32. Recherches sur la nature du feu de l'enfer, et du lieu où il est situé, par M. Swinden, trad. de l'anglais par M. Bion. *Amsterdam*, 1728, 1 vol. in-8, v.

33. Dictionnaire critique des religions et des images miraculeuses, par Collin de Plancy. *Paris,* 1821, 3 vol. in-8, br.

34. Réponse à la lettre du P. Mabillon, touchant la prétendue sainte larme de Vendôme, par J.-B. Thiers. *Amsterdam*, 1750, 1 vol. in-12, d.-rel.

35. La Légende dorée, par J. de Voragine, trad. du latin par M. G. B. (Gustave Brunet). *Paris, Gosselin,* 1843, 2 vol. in-12, d.-rel. v. (*Capé.*)

36. La Diablerie de Chaumont, ou Recherches historiques sur le grand pardon général de cette ville, etc., contenant les mystères de la nativité, de la vie et de la mort de saint Jean-Baptiste, par Emile Jolibois. *Paris, Techener,* 1838; in-8, br. plan.

37. La Vie de saint Bernard, premier abbé de Clairvaux et Père de l'Eglise, divisée en six livres, etc. *Paris*, 1649, 1 vol. in-8, parch.

38. Histoire admirable du Franc Harderad et de la vierge Aurélia, légende du VII^e^ siècle, publiée par Aug. Trognon. *Paris*, 1825, in-8, v. f. pap. vél.

39. Histoire de la papesse Jeanne, tirée de la dissertation latine de Spanheim (trad. par Lenfant). *La Haye*, 1758, 2 vol. in-12, v.

40. Histoire de l'établissement des moines mendiants. *Avignon*, 1767, in-12, dos et coins de mar. violet, tr. sup. dor. n. rog.

41. L'Apocalypse de Méliton, ou Révélation des mystères cénobitiques, par Méliton (Cl. Pithoys). *St-Léger*, 1665, 1 vol. in-12, v. fig.

42. L'Esprit de l'institut des filles de Saint-Louis, par Mme de Maintenon. *Paris*, *Renouard*, 1808, in-12, dos et coins de mar. r. tr. sup. dor. non rog. fig.

43. Traité historique de l'établissement et des prérogatives de l'Eglise de Rome et de ses évêques, par Maimbourg. *Paris, Cramoisy*, 1685, in-12, v.

44. Histoire des confesseurs des empereurs, des rois et d'autres princes, par Grégoire, ancien évêque de Blois. *Paris*, 1824, 1 vol. in-8, br.

45. Historia Flagellantium (autore J. Boileau). *Parisiis*, 1700, 1 vol. in-12, v. b.

46. Histoire des Flagellans, trad. du latin de l'abbé Boileau (traduction revue par l'abbé Granet). *Amsterdam*, 1701, in-12, d.-rel. parch.

47. Critique de l'histoire des Flagellans, et justification de l'usage des disciplines volontaires, par J.-B. Thiers. *Paris*, 1703, 1 vol. in-12, v. b.

48. Histoire de la chute des Jésuites au XVIIIe siècle, par le comte A. de Saint-Priest; nouv. éd. *Paris*, *Amyot*, 1846, in-12, d.-rel. v.

49. Les Réformateurs avant la réforme, XVe siècle : Jean Huss et le concile de Constance, par Em. Bonnechose. *Paris*, *Cherbuliez*, 1845, 2 tom. en 1 vol. in-8, d.-rel. v.

50. Histoire de la réforme et des réformateurs de Genève, par P. Charpenne. *Paris, Amyot*, 1861, 1 vol. in-8, br.

51. OEuvres françoises de J. Calvin ; édit. Jacob. *Paris*, *Gosselin*, 1842, 1 vol. in-12, d.-rel. v.

52. Essai sur l'esprit et l'influence de la réformation de Luther, par Ch. Villers, 3e édit. *Paris*, *Didot*, 1808, in-8, pap. vél. cart. (*Bradel.*)

53. Luther, étude historique, par Antoine de Latour. *Paris*, 1835, 1 vol. in-12, d.-rel. v. nerfs.

54. Abrégé de l'Origine de tous les cultes, par Dupuis. *Paris*, *an* VI, 1 vol. in-8. (*Bradel.*)

55. Le Coran, traduit de l'arabe par Savary. *A la Mecque*, *l'an de l'hégire* 1165, 2 vol. in-8, v.

---

## JURISPRUDENCE.

56. Les Loix civiles dans leur ordre naturel; le droit public, et legum delectus, par Domat. Nouv. édit. *Paris*, *Delalain*, 1777, in-fol. v. b.

57. Essai historique et critique sur le duel, d'après notre législation et nos mœurs, par Brillat de Savarin, ex-constituant, conseiller à la Cour de cassation. *Paris*, *Caille et Ravier*, 1819, 124 pages in-8.

58. Recueil intéressant sur l'affaire de la mutilation du Crucifix d'Abbeville, etc.; sur la mort du chevalier de la Barre, pour servir de supplément aux causes célèbres. *Londres*, 1776, 1 vol. in-12, d.-rel. v.

59. Questions de littérature légale, par Charles Nodier. *Paris*, *Crapelet*, 1828, in-8, dos et c. de mar. tr. sup. dor. non rog.

# SCIENCES ET ARTS.

60. Les Vies des philosophes de l'antiquité, trad. de Diogène Laërce. *Paris, Lefèvre*, 1840, 1 vol. in-12, d.-rel. v.

61. Collection des moralistes anciens. *Paris, Didot l'aîné*, 1782-95, 16 vol. in-18, pap. vél. — Morale de J.-C., 1790, 2 vol. — Morale des patriarches. *Paris, Poncelin*, 1802, 2 vol. — Les Livres classiques de l'empire de la Chine, recueillis par le P. Noël (et trad. par l'abbé Pluquet). *Paris, Didot l'aîné*, 1784-86, 7 vol. in-18, rel. par Simier. — En tout 27 vol. in-18, d.-rel. dos et coins de mar. fil. non rog. La Morale de J.-C. est brochée.

62. Moralistes anciens. *Paris, Lefèvre*, 1840, 1 vol. in-12, d.-rel. v.

63. La Morale et la Politique d'Aristote, trad. par Thurot. *Paris, Didot*, 1823, 2 vol. in-8, d.-rel. dos et coins de mar.

64. De la Vieillesse et de l'Amitié, traités de Cicéron, traduits par Plougoulm. *Paris, Duprat*, 1841, in-12, pap. vél. maroq. violet, fil. tr. dor. (*Capé*.)

65. OEuvres de Sénèque le Philosophe, traduction de La Grange, avec le texte en regard. *Paris, Delalain*, 1819-20, 13 vol. in-12, d.-rel. v. — Vie de Sénèque, par Diderot. *Ibid.*, 1820, in-12, rel. uniforme.

66. La Consolation de la philosophie, de Boëce, trad. nouv. par C*** (Léon Colesse), *Paris*, 1772, in-12, v.

67. Essais de Michel de Montaigne. *Paris, impr. stéréotype de Pierre Didot l'aîné*, 1802, 4 vol.

in-8, dos et coins de mar. vert, tr. sup. dor. non rog.

Édition publiée par Naigeon, sur un exemplaire corrigé de la main de Montaigne.

Cet exemplaire est l'un de ceux, en petit nombre, qui contiennent l'avertissement de l'éditeur sur le caractère et la religion de Montaigne (pages 5 à 63), morceau supprimé lors de la publication, et les cartons (pages 177-182). On y a ajouté le portrait de Montaigne par Ficquet.

Très-bel exemplaire.

68. Essais de Michel, seigneur de Montaigne. Edit. stéréotype. *Paris*, *Didot*, 1802, 4 vol. in-8, bas. fil. avec la notice de Naigeon à part.

69. Essais de Montaigne. *Paris*, *Desoer*, 1818, gr. in-8, pap. vél. d.-rel. mar. r. n. rog. (*Thouvenin.*)

70. Eloge de Montaigne, par M. Villemain. — Eloge de Montaigne, par Jay. — Les Essais de Montaigne, leçons recueillies par un membre de l'Académie de Bordeaux. *Paris*, *Techener*, 1844. — Une Lettre inédite de Montaigne, etc., par Achille Jubinal. *Paris*, 1850. — Observations du Conservatoire sur une brochure de M. Jubinal. — Réponse de M. Jubinal.

71. OEuvres complètes d'Estienne de la Boétie, publ. par Léon Feugère. *Paris, Delalain,* 1846, in-12, d.-rel. mar.

72. De la Servitude volontaire, par Estienne de la Boétie (1548), avec une préface de F. de La Mennais. *Paris*, 1835, in-8, br.

73. OEuvres complètes de la Bruyère, la Rochefoucauld, Vauvenargues. *Paris, Belin*, 1818, in-8, d.-rel. v. (*Capé.*)

Dans le même vol. : Supplément aux œuvres de Vauvenargues. *Paris*, *ib.* 1820, 104 p. in-8.

74. Les Caractères de la Bruyère, suivis des Caractères de Théophraste. *Paris*, *Didot*, 1819. — Collection des meilleurs ouvrages de la langue française. 4 vol. pet. in-12, rel. en 2 vol. d.-rel. v. pap. vél.

75. Les Caractères ou les Mœurs de ce siècle, par la Bruyère. *Paris*, *Lefèvre*, 1843, in-8, dos et coins de mar. v. tr. sup. dor. non rog. portrait ajouté.

76. Les Caractères de Théophraste, trad. du grec; avec les Caractères ou les Mœurs de ce siècle, par la Bruyère. Ed. Walckenaer. *Paris*, *Didot*, 1845, 2 vol. in-12, d.-rel. v.

77. Les Caractères des passions, par de La Chambre. *Amst.*, *Michel*, 1658-1663, 3 tom. en 4 vol. pet. in-12, d.-rel. mar. r. — L'Art de connaître les hommes, par le même. *Amst.*, *Le Jeune*, 1660, pet. in-12, même rel.

78. De la Sagesse, trois livres, par Pierre Charron. *Paris*, *Lefèvre*, 1836, in-8, d.-rel. v.

79. OEuvres de Descartes. Éd. de Jules Simon. *Paris*, *Charpentier*, 1841, 1 vol. in-12, d.-rel. v.

80. OEuvres philosophiques d'Antoine Arnauld. *Paris*, *Charpentier*, 1843, 1 vol. in-12, d.-rel. v.

81. OEuvres philosophiques de Bossuet; édit. de Jules Simon. *Paris*, *Charpentier*, 1843, 1 vol. in-12, d.-rel. v.

82. OEuvres philosophiques de Fénelon; édit. Jacques. *Paris*, *Charpentier*, 1843, 1 vol. in-12, d.-rel. v.

83. OEuvres philosophiques et morales de Nicole, publ. par Jourdain. *Paris*, 1845, in-12, d.-rel. v. (*Capé*.)

84. OEuvres philosophiques du Père André; publ. par Cousin. *Paris*, *Charpentier*, 1843, 1 vol. in-12, d.-rel. v.

85. OEuvres philosophiques du P. Buffier; édit. de Francisque Bouiller. *Paris*, *Charpentier*, 1843, 1 vol. in-12, d.-rel. v.

86. OEuvres de Malebranche; édit. de Jules Simon. *Paris*, *Charpentier*, 1842, 2 vol. in-12, d.-rel. v.

87. OEuvres de Leibnitz ; publ. par Jacques. *Paris*, *Charpentier*, 1842, 2 vol. in-12, d.-rel. v.

88. OEuvres de Spinoza, trad. par Émile Saisset. *Paris*, *Charpentier*, 1842, 2 vol. in-12, d.-rel. v.

89. Amusememt philosophique sur le langage des bêtes (par le Père Bougeant), avec le supplément. *Paris*, 1783, in-12, v. m.

90. Mémoires complets, œuvres morales et littéraires de B. Franklin, trad. nouvelle. *Paris*, *Gosselin*, 1843, 1 vol. in-12, d.-rel. v.

91. OEuvres philosophiques de Samuel Clarke ; publ. par Jacques. *Paris*, *Charpentier*, 1843, 1 vol. in-12, d.-rel. v.

92. L'Art de se tranquilliser dans tous les événemens de la vie, tiré du latin du célèbre Antoine-Alphonse de Saraza. *Strasbourg*, 1752, in-12, d.-rel. mar. tr. sup. dor.

93. Système de la nature, ou Loix du monde physique et du monde moral, par Mirabaud (le baron d'Holbach), avec un avis de l'éditeur Naigeon, et le discours préliminaire de l'auteur. *Londres* (*Amsterdam*), 1770, 2 vol. in-8, mar. tr. dor. fil.

94. Lettres à une princesse d'Allemagne, sur divers sujets de physique et de philosophie, par Euler ; édit. de Labey. *Paris*, 1812, 2 vol. in-8, cart. n. rog.

95. Études sur l'homme, par Meister. *Paris*, *Renouard*, 1804, in-8, dos et c. de mar. r. tr. sup. dor. non rog. pap. vélin.

96. Euthanasie, ou mes derniers entretiens avec elle sur l'immortalité de l'âme, par J.-H. Meister. *Paris*, *Renouard*, 1809, in-12, pap. vél. dos et c. de mar. violet, tr. sup. dor. non rog.

97. Introductions morales et physiologiques, par Kératry. 2e édit. 1818, in-8, d.-rel. v. (*Capé.*)

98. Éléments de la philosophie de l'esprit humain, par Dugald-Stewart, trad. de Prévost. *Genève*, 1808, 3 vol. in-8, d.-rel. v. (*Thouvenin.*)

99. Résumé des opinions des philosophes anciens et modernes sur les causes premières... par Gruyer. *Bruxelles*, 1827, 2 vol. in-32, d.-rel. v.

Tiré à petit nombre. — Non mis dans le commerce.
N° 28. — Envoi d'auteur.

100. OEuvres philosophiques de Vanini, trad. par Rousselot. *Paris*, *Gosselin*, 1842, 1 vol. in-12, d.-rel. v.

101. Sur l'Homme et le développement de ses facultés, ou essai de physique sociale, par A. Quételet. *Paris*, 1835, 2 vol. in-8, br.

102. Conseils de morale, ou essais sur l'homme, les mœurs, etc., par M^me^ Guizot. *Paris*, *Pichon et Didier*, 1828, 2 vol. in-8, v. fil. gauf.

103. Leçons de philosophie sur les principes de l'intelligence, etc., par P. Laromiguière, première éd. (*posthume*). *Paris*, *Fournier*, 1844, 2 vol. in-12, dem.-rel. v.

104. Essais sur la philosophie et la religion au XIX^e^ siècle, par Emile Saisset. *Paris*, *Charpentier*, 1845, 1 vol. in-12, dem.-rel. v.

105. Maximes, préceptes et réflexions..., par le duc de Lévis. *Paris*, *Gosselin*, 1825, in-32, v. fil.

106. Le Livre du Peuple, par Lamennais. *Paris*, 1839, in-32, br.

107. Politique à l'usage du Peuple, par Lamennais. *Paris*, 1839, 2 vol. in-32, br.

108. De la Religion, par Lamennais. *Paris*, 1841, in-32, br.

109. Questions politiques et philosophiques, par Lamennais. *Paris*, 1840, 2 vol. in-32, br.

110. Paroles d'un croyant, par Lamennais. *Paris*, 1841, in-32, br.

111. Affaires de Rome, par Lamennais. *Paris*, 1839, 2 vol. in-32, br.

112. Oui et Non au sujet des Ultramontains et des Gallicans, par Timon (de Cormenin). *Paris*, 1845, in-32, br.

113. Le Peuple, par Michelet. *Paris, Hachette*, 1846, in-12, dem.-rel. v.

114. Quelques Pensées. Mon ami Lesmann, par Kératry. *Paris*, 1833, in-12, dem.-rel. v.

115. Pensées de Joubert. *Paris*, 1862, 2 vol. in-12, broch.

116. Esquisses morales. Pensées, réflexions et maximes, par Daniel Stern (la comtesse d'Agoult), 3e éd., revue et augmentée. *Paris, Techener*, 1859, in-12, dem.-rel. mar. non rog.

117. L'Éducation de Henri IV, par feu l'abbé ***, censeur royal. *Paris, Moutard*, 1789, 2 tom. en 1 vol. in-12, dos et coins de mar. v. tr. sup. dor. n. rog. fig.

118. Lettres à mon fils (par Mad. d'Épinay). *Genève, de mon imprimerie*, in-8, v. m.

119. Histoire de la Magie en France depuis le commencement de la monarchie jusqu'à nos jours, par Jules Garinet. *Paris, Foulon*, 1818, in-8, dem.-maroquin.

120. Dictionnaire infernal, par Collin de Plancy. *Paris*, 1818, prem. éd. 2 vol. in-8, dem.-rel. v.

121. Réalité de la magie et des apparitions, ou Contre-poison du Dictionnaire infernal. *Paris*, 1819, in-8, br.

122. Le Monde enchanté, cosmographie et histoire naturelle du moyen âge, par Ferdinand Denis. *Paris, Fournier*, 1843, in-18, dem.-rel. v. front.

123. Leçons d'Astronomie, professées à l'observatoire par Arago, recueillies par un de ses élèves. *Paris*, 1845, in-12, dem.-rel. v.

124. L'Arithmétique du Grand'Papa, histoire de deux petits marchands de pommes, par Jean Macé. *Paris, Hetzel, s. d.*, in-12, dem.-rel. v.

125. Système social, ou Principes naturels de la morale et de la politique, avec un Examen de l'influence du gouvernement sur les mœurs (par le baron d'Holbach). *Londres*, 1773, 3 part. rel. en 1 vol. in-8, gr. pap. v. fil. dentelles, tr. dor. (*Chaumont.*)

126. Du Système social et des lois qui le régissent, par Quételet. *Paris, Guillaumin*, 1848, in-8, br.

127. Le Prince, de Machiavel (trad. par Amelot de la Houssaie). *Amsterdam*, 1686, in-12, vél.

128. Considérations politiques sur les coups d'État, par Gabriel Naudé, Parisien. *Sur la copie de Rome* (*Hollande, à la Sphère*), 1667, pet. in-12, mar. r. jans. (*Capé.*)

129. Aphorismes politiques de J. Harrington, trad. de l'anglais (par Aubin), précédés d'une notice sur la vie et les ouvrages de l'auteur. *Paris, Didot*, an III (1795), in-12, pap. vél. dos et coins de mar. r. tr. sup. dor. n. rog.

130. De la Manière de négocier avec les Souverains..., par de Callières. *Bruxelles, pour la Compagnie*, 1716, in-12, dos et coins de mar. tr. sup. dor. n. rog. fig.

131. Le Cambiste universel, ou Traité complet des changes, monnaies, poids et mesures de toutes les nations..., par Kelly, trad. en français. *Paris*, *Rignoux*, 1823, 2 vol. in-4, dem.-rel. v.

132. Système financier de la France, par le marquis d'Audiffret. *Paris, Dufart*, 1840, 2 vol. in-8, dem.-rel. v.

133. Histoire de l'administration de la police de Paris, depuis Philippe-Auguste jusqu'aux états-

généraux de 1789, par Frégier. *Paris*, 1850, 2 vol. in-8, br.

134. Histoire de la législation sur les femmes publiques et les lieux de débauche, par Sabatier. *Paris*, 1828, in-8, dem.-rel. v.

135. De la Prostitution dans la ville de Paris, par Parent-Duchâtelet. *Paris, Baillière*, 1837, 2 vol. in-8, dem.-rel. v. portr.

136. Des Classes dangereuses de la population dans les grandes villes, par Frégier. *Paris, Baillière*, 1840, 2 vol. in-8, br.

137. Histoire de la prostitution chez tous les peuples du monde..., par Pierre Dufour. *Paris*, 1851, 6 vol. in-8, dos et coins de mar. r. tr. sup. dor. n. rog. fig.

138. OEuvres complètes de Buffon, éd. donnée par le comte de Lacépède. *Paris, Rapet*, 1817, avec la suite par Lacépède, 17 vol. in-8, cart. fig. n. r.

139. De la Taupe, de ses mœurs, de ses habitudes et des moyens de la détruire, par Cadet-de-Vaux. *Paris*, 1803, in-12, dos et coins de mar.

140. De l'Instinct et de l'intelligence des animaux, résumé des observations de Cuvier, par Flourens. *Paris*, *Paulin*, 1845, in-12, dem.-rel. v. (*Capé.*)

141. Lettres à Sophie sur la physique, la chimie et l'histoire naturelle, par Aimé-Martin. *Paris, Charpentier*, 1842, in-12, dem.-rel. v.

142. Dissertation sur la génération, etc., et réponse au livre intitulé : de l'Indécence aux hommes d'accoucher les femmes, par de la Motte. *Paris*, 1718, in-12, dem.-rel.

143. De l'Utilité de la Flagellation dans les plaisirs du mariage et dans la médecine, trad. du latin de Meibomius (par Mercier de Compiègne), avec le texte. *Paris*, *Girouard*, 1792, in-16, v. m. fil. tr. dor. pap. vél. fig.

144. De la Flagellation dans la médecine et dans les plaisirs de l'amour, trad. du latin de Meibomius. *Paris, Mercier*, 1800, in-18, v. m.

145. De l'Indécence aux hommes d'accoucher les femmes, et de l'obligation aux femmes de nourrir leurs enfants (par Hecquet). *Trévoux*, 1708, in-18, v. b.

146. Histoire d'une bouchée de pain, par Jean Macé. *Paris, Hetzel, s. d.*, in-12, dem.-rel. v.

147. Essai sur les propriétés médicales des plantes, comparées avec leurs formes extérieures et leur classification naturelle, par Aug.-P. Decandolle. *Paris, Didot*, an XII (1804), in-4, br.

148. Le Jardinier françois qui enseigne à cultiver les arbres et herbes potagères, avec la manière de conserver les fruits et faire toutes sortes de confitures, conserves et massepains, dédié aux Dames, 9e édition augmentée par l'auteur (Nic. de Bonnefons) de plusieurs expériences qu'il a faites. *Paris, Ch. de Sercy*, 1673, in-12, fig. vél.

149. Étrennes à tous les amateurs de café, ou Manuel de l'amateur du café. *Paris*, 1790, in-12, dem.-rel. v.

---

150. Du Beau dans les Arts d'imitation, par Kératry. *Paris, Audot*, 1822, 2 vol. in-12, dem.-rel. mar. tr. sup. dor.

151. Réflexions et menus propos d'un peintre génevois, ou essai sur le beau dans les arts, par Topffer. *Paris*, 1848, 2 vol. in-12, dem.-rel. v.

152. Études sur les Beaux-Arts, essai d'archéologie et fragments littéraires, par L. Vitet. *Paris*, 1846, 2 vol. in-12, dem.-rel. v.

153. Le Cabinet de l'amateur et de l'antiquaire (par Eug. Piot). *Paris*, 1842, 4 vol. gr. in-8, les deux premiers br. les autres en livraisons. *L'Estampe du fumeur s'y trouve.*

154. Le Trésor de la curiosité, par Ch. Blanc. *Paris*, 1857, 2 vol. in-8, br.

155. Gazette des Beaux-Arts, courrier européen de l'art et de la curiosité; rédacteur en chef M. Charles Blanc. *Paris*, 1859 et suiv. in-8; les 8 prem. vol. brochés, le reste en livraisons; collection complète jusqu'en 1869.

156. Description des objets d'art qui composent la collection Debruge-Duménil, par Jules Labarte. *Paris*, 1847, gr. in-8, dem.-rel. v.

157. Dictionnaire des arts du dessin, par Boutard. *Paris*, 1838, in-8, dem.-rel. v.

158. Précis d'un traité de peinture, par Delécluze. *Paris*, 1828, in-32, dem.-rel. v.

159. Histoire des peintres de toutes les écoles, par Charles Blanc. *Paris, Renouard*, 1861, 7 vol. gr. in-4, cart. fig.

Écoles hollandaise, anglaise, flamande et française.

160. Lettres sur l'enlèvement des ouvrages de l'art antique à Athènes et à Rome, par Quatremère de Quincy. *Paris*, 1836, in-8, br.

161. Histoire de la vie et des ouvrages de Raphaël, par Quatremère de Quincy, 3e éd. *Paris, Didot*, 1835, gr. in-8, br. portr.

162. Essai historique et descriptif sur la peinture sur verre, ancienne et moderne, par Langlois, du Pont-de-l'Arche. *Rouen*, 1832, in-8, br. pl.

163. Dictionnaire des graveurs, par Basan. *Paris*, 1767, 3 vol. in-12, v. m.

164. Voyage d'un Iconophile. Revue des principaux cabinets d'estampes, bibliothèques et musées d'Allemagne, de Hollande et d'Angleterre, par Duchesne aîné. *Paris*, *Heideloff*, 1834, 1 vol. in-8.

165. Essai sur les nielles, gravures des orfèvres florentins au xve siècle, par Duchesne aîné. *Paris, Merlin*, 1826, in-8, dem.-rel. mar. fig.

166. Essai sur l'origine de la gravure en bois et en taille-douce (par Jansen). *Paris,* 1808, 2 vol. in-8, br. pl.

167. Le Graveur en taille-douce, par Charles Le blanc. — Catalogue de l'œuvre de Georges Wille. *Leipsick,* 1847, br.— Catalogue de l'œuvre de Rob. Strange. *Leipsick*, 1848, br.

168. Idée générale d'une collection complète d'estampes, avec une dissertation sur l'origine de la gravure et sur les premiers livres d'images (par Heineken). *Leipsick et Vienne, Kraus*, 1771, gr. in-8, avec 32 pl. cart. n. rog.

169. Manuel des amateurs d'estampes, par J. C. L. M. *Paris, Foucault*, 1821, in-12, d.-rel. mar.

170. Manuel de l'amateur d'estampes, faisant suite au Manuel du libraire, par Joubert père. *Paris,* 1821, 3 vol. in-8, d.-rel. 2e vol. *les pages* 385 *à* 401 *refaites à la main.*

171. Notice des estampes exposées à la Bibliothèque royale, formant un aperçu historique des produits de la gravure, par Duchesne aîné. *Paris*, 1837, in-8, d. de mar.

172. Catalogue des estampes qui composent l'œuvre de F.-T. Faber, peintre flamand, graveur à l'eau-forte, par F. H. (Fritz Hillemacher). *Paris*, 1843, in-8, d.-rel. v.

173. Catalogue raisonné de la collection d'estampes de M. Debois, réd. par Defer. *Paris,* 1843, in-8, dem.-rel. m.

Avec les prix à la main.

174. Notice de quelques copies trompeuses d'estampes anciennes, trad. de l'allemand par Ch. Le Blanc. *Paris*, 1849, in-8, br.

Tiré à 200 exemplaires.

175. Manuel de l'amateur d'estampes, par Ch. Le Blanc. *Paris*, 1850, in-8, br. 1re, 2e et 3e livraison.

176. Essai sur l'art de restaurer les estampes et les livres, par A. Bonnardot. *Paris,* 1858, in-12, br.

177. Catalogue des estampes à l'eau-forte qui composent l'œuvre de Nestor l'Hôte, recueilli et orné d'un portrait et d'une notice biographique, par Fréd. Hillemacher. *Manuscrit* in-8, cart.

178. L'Alphabet de la Mort, de Hans Holbein, publ. par Anatole de Montaiglon. *Paris*, *Tross*, 1856, in-8, cart. toile, n. rog.

179. Essai historique, philosophique et pittoresque sur les danses des morts, par Langlois, du Pont-de-l'Arche. *Rouen*, 1852, 2 vol. in-8, br.

180. Catalogues d'estampes et dessins.

Catalogue Neyman par Basan, 1776. — Saint (*Prix*), 1846. — P. Vischer (*Prix*), 1852. — Rembrandt, 1re partie, Bartsch, 1797. — H. de Lasalle, 1856. — Le Mystagogue, Guide-Naples, 1844.

181. Vingt et une Estampes représentant divers monuments de Paris, par I. Silvestre, grav. par Perelle; les unes avant, les autres avec la lettre.

182. Douze Figures du Rabelais de Delaulnay, éd. de Desoer, 1820, tirées in-8.

183. Vingt-cinq Vignettes pour les œuvres de Corneille, d'après Moreau. Chine, avec la lettre.

184. Seize Vignettes pour les œuvres de Molière, éd. de Desoer; 10 pièces sur chine, 6 sur pap. bl.

185. Deux suites de Vignettes pour les Contes de la Fontaine, l'une de 28, l'autre de 92 pièces.

186. Recueil des estampes de l'abbaye de Port-Royal-des-Champs, gravées depuis 1709 jusqu'à présent. *S. d.*, obl. cart. 23 estampes.

187. Cinquante-quatre Portraits pour l'Histoire des chevaliers de Malte, par Vertot. In-4, mauv. épreuves.

188. Neuf Vignettes pour les œuvres de J.-J. Rousseau. Chine, avant la lettre.

189. Vingt-cinq Vignettes et deux plans pour les lettres sur l'Italie, par Dupaty.

190. Quinze Vignettes pour les œuvres de Walter Scott. *Paris*, *Furne*, 1832, vues d'Ecosse, chine.

191. Trente-trois Vignettes pour les œuvres de Walter Scott. *Paris*, *Furne*, 1832, chine.

192. Quatorze Portraits. Voltaire, André Chénier, Napoléon, George Sand, etc., etc., quelques-uns sur chine, avant la lettre. Plus une estampe de Langlois, du Pont-de-l'Arche : les Passions, 1816.

193. Vingt-cinq Vignettes pour les œuvres de Chateaubriand. *Paris, Furne*, 1832, chine.

194. Douze Vignettes pour les œuvres de C. Delavigne. *Paris, Furne*, 1833, chine.

195. Vingt-cinq Vignettes pour les œuvres de lord Byron. *Paris*, *Furne*, 1832.

Papier de Chine, doubles en papier blanc.

196. La Poétique de la musique, par de Lacépède. *Paris*, *imprimerie de Monsieur*, 1785, 2 vol. in-8, d.-rel. v.

197. Mémoires ou essais sur la Musique, par Grétry. *Paris, an V*, 3 vol. in-8, d.-rel. v. (*Capé.*)

198. De l'État de la Musique en Normandie depuis le IX<sup>e</sup> siècle, par M<sup>lle</sup> Emma Chuppin. *Caen*, 1837, in-8, br.

Mémoire couronné, le 8 décembre 1836, par la Société philharmonique du Calvados.

199. Traité contre les danses et les mauvaises chansons (par l'abbé Gaultier). *Paris*, 1769, 1 vol. in-12, v.

200. Traité contre l'amour des parures et le luxe des habits, par l'auteur du Traité contre les danses (l'abbé Gaultier). *Paris*, 1780, in-12, v.

201. De la Danse, par Moreau de Saint-Rémy. *Parme*, 1803, in-12, v. fil.

Tiré à 200 ex. — Ex. de Duchesne aîné.

202. Lettres et Entretiens sur la danse ancienne, moderne, religieuse, civile et théâtrale, par Baron. *Paris*, 1824, in-8, bas.

203. La Danse et les Ballets depuis Bacchus jusqu'à Mlle Taglioni, par Castil-Blaze. *Paris*, 1832, in-12, d.-rel. v.

204. L'Ami de l'éleveur; réflexions pratiques sur l'espèce chevaline, par le comte de Lastic Saint-Jal. *Paris*, *Plon*, 1856, in-8, d.-rel. v. fig.

205. Le Parfait Cocher, ou l'Art d'entretenir et conduire un équipage en ville et en campagne (par le duc de Nevers). *Liége, Desoer*, 1777, in-12, d.-rel. v.

206. Les Cartes à jouer et la Cartomancie, par Boiteau d'Ambly, ouvrage illustré de 40 bois. *Paris, Hachette*, 1854, in-12, d.-rel. v. nerfs.

207. Physiologie du goût, ou Méditations de gastronomie transcendante (par Brillat-Savarin). *Paris*, 1838, 2 vol. in-8, d.-rel. v.

---

# BELLES-LETTRES.

## I. LINGUISTIQUE.

208. Histoire naturelle de la parole, ou Grammaire universelle à l'usage des jeunes gens, par Court de Gébelin, avec disc. et notes par Lanjuinais. *Paris*, 1816, in-8, d.-rel. mar.

209. Dictionnaire latin-français, par Quicherat et Daveluy. *Paris*, *Hachette*, 1858, in-8, toile.

210. Glossarium eroticum linguæ latinæ.... ad intelligentiam poetarum, auctore P. P. (P. Pier-

rugues). *Parisiis*, 1826, in-8, pap. vél. d.-rel. v.

211. Traité de la conformité du langage français avec le grec, par Henri Estienne. (Edition donnée par M. Feugère.) In-12, d.-rel. v. n. rog.

212. La Précellence du langage françois, par H. Estienne, accompagnée d'une étude sur H. Estienne par L. Feugère. *Paris, J. Delalain*, 1850, in-8, d.-rel. maroquin br. tr. sup. dor. non rog. (*Capé.*)

213. De l'Universalité de la langue française; discours qui a remporté le prix à l'académie de Berlin en 1784 (par Rivarol). *Berlin*, 1785, in-12, v. f.

Avec envoi d'auteur.

214. Remarques nouvelles sur la langue française (par le P. Bouhours). *Paris, Cramoisy*, 1676, in-12, v. b.

215. Opuscules sur la langue françoise, par divers académiciens. *Paris, Brunet*, 1754, in-12, v.

L'éditeur de ce volume est l'abbé d'Olivet. Les 242 prem. pages sont de l'abbé Dangeau. (*Aut. De Guerle, avec sa signature.*)

216. Nouvelle Grammaire raisonnée à l'usage d'une jeune personne, par Mme Panckoucke. *Paris*, 1795, in-8, d.-rel. v.

217. Du Fanatisme dans la langue révolutionnaire, par J.-Franç. La Harpe. *Paris, Migneret, an V*, 1797, in-8, bas.

218. Grammaire nationale, par Bescherelle frères. *Paris*, 1834, gr. in-8, d.-rel. mar.

219. Recherches sur les formes grammaticales de la langue française et de ses dialectes au XIIIe siècle, par G. Fallot. *Paris, Impr. roy.*, 1839, gr. in-8, d.-rel. v.

220. Remarques sur la langue française au XIXe siècle, sur le style et la composition littéraire, par

Francis Wey. *Paris, Didot,* 1845, 2 vol. in-8, d.-rel. v.

221. Des Variations du langage français depuis le XII$^{e}$ siècle, par F. Génin. *Paris, Didot,* 1845, in-8, d.-rel. mar.

222. Histoire des révolutions du langage en France, par F. Wey. *Paris, Didot,* 1848, in-8, d.-rel. v. (*Capé.*)

223. Synonymes français, par B. Lafaye. *Paris, Hachette,* 1841, in-8, d.-rel. mar.

224. Dictionnaire des synonymes de la langue française, avec une introduction sur la théorie des synonymes, par Lafaye. *Paris, Hachette,* 1858, gr. in-8, chagrin.

225. Dictionnaire du vieux langage françois, par Lacombe. *Paris, Panckoucke,* 1766, in-8, v. m.

226. Philologie française, ou Dictionnaire étymologique, etc., par Noel et Charpentier. 4 vol. réunis en 2 in-8. *Paris,* 1831, d.-rel. v. (*Capé.*)

227. Dictionnaire étymologique des mots français tirés du grec, par Marcella. *Paris, Hachette, s. d.,* in-8, d.-rel. mar.

228. Nouveau Dictionnaire proverbial, satirique et burlesque, par Caillot. *Paris, Dauvin,* 1826, in-12, br.

229. Dictionnaire comique, satirique, critique, burlesque, libre et proverbial, par J. Leroux. *Pampelune,* 1786, 2 vol. in-8, v. m.

230. Dictionnaire raisonné des onomatopées françaises, par Charles Nodier. *Paris, Delangle,* 1828, in-8, d.-rel. dos et coins de mar. dor. en tête.

231. Examen critique des dictionnaires de la langue française, par Charles Nodier. *Paris,* 1829, in-8, d.-rel. dos et coins de maroquin, doré en tête.

232. Dictionnaire de l'Académie française, 6$^{e}$ édition. *Paris, Didot,* 1835, 2 vol. in-4, d.-rel.

233. Complément du Dictionnaire de l'Académie française. *Paris, Didot*, 1842, in-4, d.-rel. ch.

234. Dictionnaire critique et raisonné du langage vicieux ou réputé vicieux, par un ancien professeur. *Paris, Aimé André*, 1835, in-8, d.-rel. v.

235. Dictionnaire national, ou Dictionnaire universel de la langue française, par Bescherelle aîné. *Paris*, 1848, 2 vol. gr. in-4, d.-rel. v.

236. Dictionnaire usuel de tous les verbes français entièrement conjugués, par Bescherelle frères. *Paris*, 1843, 2 vol. in-8, toile.

237. Dictionnaire universel de la langue française, avec le latin et l'étymologie, par Boiste. 11e éd., par Charles Nodier et L. Barré. *Paris, Didot*, 1843, in-4, chag.

238. Le Génie de la langue française, ou Dictionnaire du langage choisi, par Goyer-Linguet. *Paris*, 1846, gr. in-8, d.-rel. v.

239. Dictionnaire provençal-français, suivi d'un Vocabulaire français-provençal, par Avril. *Apt*, 1839, gr. in-8, d.-rel. v.

## II. RHÉTEURS. — ORATEURS.

240. Principes de la littérature, par l'abbé Batteux. *Paris*, 1774, 5 vol. in-8, d.-rel.

241. Cours analytique de littérature générale, par Lemercier. *Paris*, 1817-1818, 4 vol. rel. en 3, d.-rel. v. (*Capé.*)

242. Nouveau Supplément au cours de littérature de La Harpe (par Barbier). *Paris*, 1818, in-8, d.-rel. v. (*Capé.*)

243. Cours de littérature française. — Tableau de la littérature au XVIIIe siècle, par Villemain. *Paris*, 1840, 4 vol. in-8, d.-rel. v.

244. Cours de littérature française. — Tableau de la littérature au moyen âge, par Villemain. *Paris,* 1841, 2 vol. in-8, d.-rel. v.

245. La Manière de bien traduire d'une langue en autre.... par Estienne Dolet. *Lyon, Estienne Dolet,* 1540. — L'Avant-naissance de Claude Dolet, fils d'Estienne Dolet.... *Lyon,* 1539, in-12, d.-rel.

Réimpression Techener. Tiré à 120 ex.

246. Leçons de français à l'usage de l'Académie française, par un Bas-Breton, J.-F. Daniel de Ker-Goap (Finisterre). *Paris*, 1837, in-12, d.-rel. v.

247. Saint-Géran, ou la nouvelle langue française, anecdote récente, suivie de l'Itinéraire de Lutèce au Mont-Valérien, etc.— Petite parodie d'un grand ouvrage (par Cadet-Gassicourt). *Paris,* 1812, in-18, d.-rel. v. fig.

248. Les Tropes de Dumarsais, avec un commentaire raisonné, par Fontanier. *Paris*, 1818, 2 vol. in-12, d.-rel. v.

249. Manuel classique pour l'étude des tropes, par Fontanier. *Paris,* 1825, in-12, d.-rel. v. (*Capé.*)

250. Orateurs et sophistes grecs. Choix de harangues, d'éloges funèbres, etc. *Paris,* 1842, in-12, d.-rel. v.

251. Chefs-d'œuvre de Démosthène et d'Eschine, tr. par Stiévenart. *Paris,* 1843, in-12, d.-rel. v.

252. Eloges des Académiciens, par Condorcet. *Paris,* 1799; 5 vol. in-12, d.-rel. (*Capé.*)

253. Tableau de l'Eloquence chrétienne au IVe siècle, par Villemain. *Paris,* 1849; in-12, d.-rel. v. (*Capé.*)

254. Oraisons funèbres de Bossuet, Fléchier et autres orateurs.... *Paris*, *Didot*, 1820, 4 vol. in-8, dos et coins de mar. tr. sup. dor. non rog. fig.

255. Oraisons funèbres de Fléchier, évêque de Nismes. *Paris*, *Renouard*, 1802, 2 vol. in-12, d.-rel. v. pap. vél. n. rog.

256. Etudes sur les Orateurs parlementaires, par Timon (*Cormenin*). *Paris*, 1838; in-18, d.-rel. v.

257. Leçons et modèles d'Eloquence judiciaire et parlementaire, par Berryer. *Paris*, 1836; gr. in-8, cart. (*Bradel.*)

## III. POÉSIE.

258. Lyriques grecs. Orphée, Anacréon, etc. *Paris*, 1842, in-12, d.-rel. v.

259. Odes d'Anacréon, trad. en vers par Saint-Victor. *Paris, Nicolle*, 1818, in-8, d.-rel. v. fig.

260. Les Œuvres d'Hésiode, trad. par Gin. *Paris*, 1785; in-12, br.

261. Les OEuvres d'Homère, traduites du grec par M^me^ Dacier, avec l'introduction, en 7 volumes in-12. *Leide, Wetstein*, 1766, dos et coins de mar. tr. sup. dor. non rog. fig.

262. L'Iliade et l'Odyssée d'Homère, trad. par Giguet. *Paris, Paulin*, 1844; 2 vol. in-12, d.-rel. v.

263. Petits poëmes grecs. La Batrachomyomachie, la Théogonie, etc., trad. par divers. *Paris, Lefèvre*, 1841, in-12, d.-rel. v.

264. OEuvres de L. Coupé : Opuscules d'Homère, trad. nouvelle. OEuvres d'Hésiode, trad. nouvelle. *Paris*, 1796, 2 vol. in-18, v. fil.

265. Les Messéniques, chants militaires de Tyrtée, traduits en vers français par Firmin Didot. *Paris, F. Didot*, 1831, gr. in-8, pap. vél. 16 p.

Avec un envoi de la main de l'auteur au comte Chaptal.

266. Choix de poésies traduites du grec, du latin et de l'italien, par M. E. T. S. D. T. (Ed.-Thomas Simon de Troyes), contenant la Pancharis.... *Paris* 1786, 2 vol. in-18, d.-rel. v. non rog. (*Cazin.*)

267. Erotopsis, ou coup d'œil sur la poésie érotique et les poëtes grecs et latins qui se sont distingués

en ce genre, par Petit-Radel. *Paris*, 1802, in-8, br.

268. Publii Virgilii Maronis Opera quæ exstant omnia, edid. Amar. *Parisiis, apud Lefèvre*, 1838, in-18, v. fil.

269. Les Géorgiques de Virgile, trad. en vers français par J. Delille. *Paris*, *Didot aîné*, 1803, in-12, d.-rel. v. pap. vélin, fig.

270. Le Génie de Virgile, par Malfilâtre; publié par Miger. *Paris*, 1810, 4 vol. in-8, d.-rel. v. pap. vél.

271. Etudes sur Virgile, par Tissot. *Paris*, *Furne*, 1832; 4 vol. in-8, d.-rel. v. n. r.

272. Virgille virai an Borguignon : choix des plus beaux livres de l'Enéide, suivis d'episodes tirés des autres livres... publ. par Amanton, avec un discours prélim. par G. P. (Peignot). *Dijon*, *Frantin*, 1831, gr. in-18, dos et coins de mar. r. tr. sup. dor. n. rog.

273. Quintus Horatius Flaccus. *Stér. Didot*, *an VIII* (1800), in-18, gr. pap. vél. dos et coins de mar. tr. sup. dor. n. rog.

274. Quintus Horatius Flaccus. *Londini*, *Pickering*, 1824, in-32, toile.

275. Quinti Horatii Flacci Opera omnia, edid. Amar. *Parisiis*, *apud Lefèvre*, 1838, in-18, v. fil.

276. Quinti Horatii Flacci Opera cum novo commentario ad modum Joannis Bond. *Parisiis, Didot*, 1855, in-18, fig.

277. OEuvres d'Horace (trad. par Campenon et Després), accompagnées du commentaire de l'abbé Galiani. *Paris*, 1821, 2 vol. in-8, d.-rel. veau à nerfs.

278. OEuvres complètes d'Horace, trad. en vers par Daru; 6e éd. *Paris*, *Janet et Cotelle*, 1823, 2 vol. in-8, d.-rel. v.

279. OEuvres complètes d'Horace, par ordre de production ; traduction de Goupy. *Paris*, *Didot*, 1857, pet. in-12, d.-rel. dos et coins de mar. v. dor. en tête, non rog.

280. Ovide, de la collection Nisard. *Paris*, 1843, gr. in-8, d.-rel. v. non rog.

281. Poésies de Catulle et de Gallus, trad. par Noel. *Paris*, *Léger*, 1803 ; 2 vol. in-8, d.-rel. v.

282. Elégies de Tibulle, trad. par Mirabeau l'aîné. *Tours et Paris*, *an III*, 3 vol. in-8, fig. cart. (*Bradel.*)

283. Satires de Juvénal, trad. par Dusaulx, rev. par Pierrot. *Paris*, *Panckoucke*, 1825, 2 vol. in-8, d.-rel. v. nerfs.

284. Lucrèce, trad. nouv. avec des notes par L. G. (Lagrange). *Paris*, *Bleuet*, 1768, 2 vol. in-8, fig. de Gravelot, v. éc. fil. pap. de Hollande.

285. Epigrammes de Martial, trad. par Simon. *Paris*, *Guitel*, 1819, 3 vol. in-8, d.-rel. v.

286. Toutes les Épigrammes de Martial, en latin et en français, publ. par M. B*** (Beau). *Paris*, *Gié-Boullay*, 1843, 3 vol. in-8, br.

287. Les Epigrammes de Martial, trad. en vers français, par C. Dubos. *Paris*, *Chapelle*, 1841, in-8, br.

288. Epigrammes contre Martial, ou les Mille et une drôleries, sottises et platitudes de ses traducteurs, etc., par un ami de Martial (Eloi Johanneau). *Paris*, 1834, in-8, d.-rel. v. non r.

289. Les OEuvres de Stace, trad. par Cormiliolle. 2e éd. *Paris*, *Delalain*, 1820, 5 vol. in-12, d.-rel. v. (*Capé.*)

290. OEuvres complètes de Claudien, trad. en français pour la première fois (par Souquet de la Tour) (texte en regard). *Paris*, *an VI* (1798), 2 vol. in-8, v. m. fil.

291. OEuvres d'Ausone, en latin et en français, par Jaubert. *Paris*, *Barrois* (*sans date*), 4 vol. in-12, cart. (*Bradel.*)

292. Etudes sur les poëtes latins de la décadence, par D. Nisard. 2e éd. *Paris*, 1849, 2 vol. d.-rel. v. (*Capé.*)

293. Marci Hieronymi Vidæ Cremonensis Poemata, scilicet : de Arte poetica libri tres, Bucolica, Bombycum libri duo, edid. Th. Tristram. *Oxonii, e typ. Clarend.*, 1722-1723; 2 part. gr. in-8.—Chistiados libri sex, edid. Ed. Owen. *Ibid.*, 1725; gr. in-8. — Hymni de rebus divinis. *Ibid.*, 1733 ; gr. in-8.

Belle édition dont on trouve rarement les quatre volumes réunis. (Brunet.)

294. Le Ver à soie, poëme en deux chants, de Marc-Jérôme Vida, trad. en vers français, avec le texte latin en regard, par Matthieu Bonafous. *Paris*, 1844, in-8, d.-mar. tr. dor. pap. vél.

295. Lydii Catti Carmina. *Venetiis*, 1502, in-4, vél.

Rare.

296. Rodolphi Gualtheri Tigurini Antichristus (*absque indicatione*) ; in-8, v. f. fil. noirs, tr. dor. (*Simier.*) 1546.

297. Menagii poemata, quarta editio. *Amst., Elzevier*, 1663, in-12, mar. r. fil. tr. dor. doub. de tab. (*Thouvenin.*)

298. Dominici Baudii Amores, edente P. Scriverio. *Amstelodami, ap. Elzevirium*, 1638, in-12, v.

299. Jean Second. Traduction libre en vers des Odes, des Baisers, du 1er livre des Elégies, et des trois Elégies solennelles, avec le texte latin ; par Michel Loraux. *Paris*, *Michaud*, 1812, in-8, dos et coins de mar. r. tr. sup. dor. non rog. portr.

Envoi autographe du traducteur à Gab. Peignot.

300. Danielis Heinsii poemata, editio nova. Accedunt præter alia libri de Contemptu mortis, an-

tehac una non editi. *Lugduni-Batav., sumptibus Elzeviriorum et Johannis Mairii*, 1621, in-12, mar. fil. tr. dor. (*Thouvenin.*)

301. Aonii Palearii Verulani Opera. *Amstelædami, Wetstenius*, 1696, in-8, m. r. tr. dor.

302. Michaelis Hospitalii, Galliarum cancellarii, Carmina. *Amst., Lakeman*, 1732, in-8, fr. gr. vél.

303. Joannis Oweni Epigrammata. Editio postrema et correctissima. *Basileæ, apud J. Schweighäuser*, 1766, in-12, v. fil. tr. dor.

304. La Callipédie, ou la manière d'avoir de beaux enfants; trad. en vers français du poëme latin de Claude Quillet (par Lancelin de Laval). *Paris, Bastien*, 1774, in-12 v. m.

Avec le latin à côté.

305. La Callipédie, traduite du poëme latin de Claude Quillet (par Monhenault d'Egly). *Paris*, 1749, in-12, v. br.

306. Hermès romanus, ou Mercure latin, par Barbier-Vémars. *Paris*, 1816, 6 vol. in-12, rel. en 3, d.-rel. v.

307. De l'Etat de la poésie française dans les XIIe et XIIIe siècles, par de Roquefort. *Paris, Fournier*, 1815, in-8, br.

308. Des Troubadours et des cours d'amour, par Raynouard. *Paris, Didot*, 1817, in-8, br.

309. Li Romans de Garin le Loherain, publié par P. Paris. *Paris, Techener*, 1833, 2 vol. in-12, pap. de Hollande, d.-rel. mar. v. tr. sup. dor. non rog.

Tiré à 400 ex.

310. Choix de fabliaux mis en vers (par Imbert). *Paris, Prault*, 1788, 2 vol. petit in-12, pap. vél. dos et coins de mar. citr. tr. sup. dor. non rog.

311. Fabliaux ou contes, fables et romans du XIIe et du XIIIe siècle, trad. ou extraits, par Legrand

d'Aussy, 3e édition. *Paris, J. Renouard*, 1829; 5 vol. in-8, dos et coins de mar. r. tr. sup. dor. non rog. pap. vél. fig. de Moreau. (*Capé.*)

312. Blasons, poésies anciennes des XVe et XVIe siècles, extr. de diff. auteurs imprimés et manuscrits, par D. M. M... (Méon); nouv. édit., augm. d'un glossaire des mots hors d'usage. *Paris*, 1809, in-8, dos et coins de mar. br., tr. sup. dor. non rog.

Exemplaire avec les cartons.

313. La Complainte d'outre-mer, et celle de Constantinople, par Rutebeuf; publiées par Achille Jubinal. *Paris, Techener*, 1834, in-8 br.

314. Le Roman de la Rose, par Guillaume de Lorris et Jehan de Meung; nouv. éd., revue et corrigée par M. Méon. *Paris, Didot l'aîné*, 1814, 4 vol. in-8, pap. vél. d.-rel. mar. non rog. fig.

315. Le Rebours de Matheolus. (Au recto du dernier f. :) *Cy finist le résolu en mariage nouvellement imprimé à Paris par Michel le Noir..., le unziesme iour de may. Lan mil cinq cens et dixhuyt.* In-4 goth. de 60 ff. avec grav. en bois au recto et au verso du premier f. mar. v. comp. tr. dor.

Bel exemplaire.

316. Les Œuvres de feu maistre Alain Chartier... nouuellement imprimées, reueues et corrigiées... *On les vend à Paris, en la boutique de Galliot du Pré*, 1529, pet. in-8. Riche reliure de Capé.

Magnifique exemplaire, dans un étui de maroquin.

317. Evvres de Lovïse Labé, Lionnoize. *Lyon, Louis Perrin*, 1862, p. in-8, br.

Tiré à 209 exemplaires.

318. Poésies de Marguerite-Eléonore Clotilde de Vallon-Chalys, depuis Mme de Surville, poëte français du xve siècle, publiées par Ch. Vander-

bourg. *Paris*, *Didot l'aîné*, an XII (1804), in-12, cart. pap. vél.

319. Vers sur la mort, par Thibaud de Marly, imprimés sur un manuscrit de la Bibliothèque du Roi. *Paris*, *Crapelet*, s. d. in-8, gr. pap. br.

Avertissement et glossaire par Méon.

320. Poésies morales et historiques d'Eustache Deschamps..., publiées pour la première fois, d'après le manuscrit de la Bibliothèque du Roi..., par Crapelet. *Paris*, *de l'imprimerie de Crapelet*, 1832, gr. in-8, jésus vélin, avec fac-simile, cart.

321. Les Poëtes françois depuis le XII^e siècle jusqu'à Malherbe, avec une notice historique et littéraire sur chaque poëte. *Paris*, *Crapelet*, 1824, 6 vol. in-8, d.-rel. v. non rog.

Bel exemplaire.

322. Collection des poëtes françois, publiée par Coustelier. *Paris*, 1723-24, 8 vol. pet. in-8, v. br.

323. Les Poésies du duc Charles d'Orléans, publiées par Champollion-Figeac. *Paris*, 1842, in-8, d.-rel. dos et coins de mar., tr. sup. dor., non rog.

324. Vaux-de-Vire d'Olivier Basselin et de Jean le Houx, suivis d'un choix d'anciens vaux-de-vire, etc.; édition de P.-L. Jacob, bibliophile. *Paris*, *Delahays*, 1858, in-18 br.

325. Poésies françoises de J.-G. Alione (d'Asti)..., publiées par J.-C. Brunet. *Paris*, *Silvestre*, 1836, pet. in-8, avec un fac-simile, dos et coins de mar. tr. sup. dor. non rog.

Tiré à 108 ex. Celui-ci porte le n° 44.

326. OEuvres choisies de Pierre de Ronsard, édit. de Paul Jacob, bibliophile. *Paris*, 1841, in-12 br. portr.

327. OEuvres choisies de Clément Marot. *Paris*, *Didot*, *an X* (1801), in-18, pap. vél. dos et coins de mar.

328. OEuvres choisies de Clément Marot, éd. Dupré et Campenon. *Paris, Janet et Cotelle*, 1826, in-8, d.-rel. v.

329. Poésies de Malherbe, rangées par ordre chronologique... (édition de Saint-Marc). *Paris, Barbou*, 1757, in-8, pap. de Hollande, mar. vert, fil. tr. dor. (*Müller, succ. de Thouvenin.*)

330. OEuvres complètes de Regnier, *Paris*, 1822, in-8, d.-rel. v.

331. OEuvres de Mathurin Regnier, avec les commentaires..., par Viollet-Le-Duc. *Paris, Desoer*, 1822, in-18, d.-rel. m. r. n. rog.

332. OEuvres de maître Adam Billaut, menuisier de Nevers. *Paris, Hubert*, 1806, in-12, bas. portr.

333. Les OEuvres de Théophile. *Paris, Pepingué*, 1662, pet. in-12, mar. r. fil. tr. dor. (*Capé.*)

334. OEuvres de Boileau-Despréaux, avec les commentaires. *Paris, Desoer*, 1821-23, 4 vol. in-18, d.-rel. mar. r. n. rog.

Éd. de Viollet-le-Duc.

335. OEuvres de Boileau, avec un nouveau commentaire, par Amar. *Paris, Lefèvre*, 1824, 4 vol. in-8, d.-rel. v., non rog.

De la collection des Classiques français.

336. Le Lutrin, poëme héroï-comique de Boileau-Despréaux, édition conforme au texte original, ornée de vignettes par Ernest et Frédéric Hillemacher. *Lyon, Perrin*, 1862, in-4, cart.

L'un des 25 exemplaires en papier de Hollande, vignettes avant la lettre. Envoi autographe de F. Hillemacher.

337. Clovis, ou la France chrétienne, par Desmarests. *Paris*, 1666, v. fil. tr. sup. dor. non rog.

338. OEuvres choisies de Piron ; *stéréotypie Didot*, grand pap. vél. 2 vol. in-18, veau fil. tr. dor.

339. Poésies badines d'Alexis Piron. *Paris*, 1797, in-18, d.-rel. mar. citr. tr. sup. dor. non rog.

340. OEuvres de J.-B. Rousseau, nouv. édit., avec un commentaire historique et littéraire, précédé d'un nouvel Essai sur la vie et les ouvrages de l'auteur (par Amar). *Paris, Lefèvre*, 1820, 5 vol. in-8, d.-rel. v. portr. non rog.

Cet exemplaire contient les épigrammes libres.

341. Poésies de Chaulieu. *Paris, stéréotype d'Herhan*, an XI (1803), pap. vél. d.-rel. veau à nerfs, non rogné.

342. Les Philippiques, odes, par Lagrange-Chancel, avec des notes historiques, critiques et littéraires. *Paris, l'an VI de la liberté*, 1795, in-12, pap. vél. d.-rel. v. non rog.

343. OEuvres du cardinal de Bernis. *Paris, Delangle*, 1825, in-8, d.-rel. v.

344. OEuvres de Bernard. *Paris, Janet et Cotelle*, 1823, in-8, d.-rel. v. fig., non rog.

345. Poésies de l'abbé de l'Attaignant. *Londres et Paris*, 1757, 6 vol. in-12, d.-rel. v.

346. OEuvres complètes de Parny. *Bruxelles*, 1824, 2 vol. in-8, pap. vél. d.-rel. v. n. rog.

347. La Guerre des Dieux anciens et modernes, poëme en dix chants, par Evariste Parny. *Paris, Didot, an VII*, in-12 (*première édition, devenue rare*), mar. vert. fil. tr. dor.

348. La Guerre des Petits Dieux, ou le Siége du lycée Thélusson, poëme héroïco-burlesque, suivi de Mon Apologie, satire. (*Attribué à Colnet.*) *Paris, an VIII*, in-18 br.

349. OEuvres complètes de Gresset. *Paris, Boulland*, 1823-24, 3 vol. in-32, fig. pap. vél. cart. n. rog.

Impr. par Didot, avec *le Parrain magnifique*.

350. OEuvres choisies de Colardeau. *Paris, Janet et Cotelle*, 1825, in-8, d.-rel. v. g. pap. vél. fig.

351. Les Mois, poëme en douze chants, par Roucher. *Paris*, 1826, 2 vol. in-12, d.-rel. v. portr.

352. Les Saisons, poëme de Saint-Lambert. *Paris, Didot l'aîné*, 1795, 2 vol. in-18, pap. vél. mar. r. (*Thouvenin.*)

353. OEuvres de Vergier. *Londres* (*Cazin*), 1780, 3 vol. in-18, mar. fil. tr. dor.

354. La Henriade de Voltaire. *Stéréotype Didot, an* X (1801), gr. pap. vél. veau, fil. tr. dor.

355. La Henriade, poëme, par Voltaire, édit. encadrée. *Rheims, Fremeau*, 1826, in-8, fig. de Moreau, pap. vél. dos et coins de mar. tr. sup. dor. non rog. (*Capé.*)

356. Épîtres, stances, odes et discours en vers de Voltaire. *Stéréotype Didot, an* VIII, 2 vol. in-18, gr. pap. vél. v. fil. tr. dor.

357. Poëmes et discours en vers de Voltaire. *Stéréotype Didot, an* VIII, in-18, gr. pap. vél. v. fil. tr. dor.

358. La Luciniade, poëme en dix chants, sur l'art des accouchements, par le citoyen Lacombe. *Paris, an* VII, in-12, d.-rel. v. non rog.

Avec envoi de l'auteur signé.

359. Les Trois Fanatiques, poëme par L. Lemercier. *Paris, Didot, an* IX, in-12, cart. non rog. (*Bradel.*)

360. Le Balai, poëme héroï-comique en dix-huit chants (par l'abbé Dulaurens). *A Constantinople, de l'imprimerie du Mouphti*, 1761, in-12, mar. fil.

361. OEuvres de Léonard, publiées par Campenon. *Paris, Didot*, 1798, 3 vol. in-8, d.-rel. v.

362. OEuvres choisies de Dorat, notes par Després. *Paris, Janet et Cotelle*, 1827, in-8, d.-rel. v. f.

363. OEuvres de Malfilâtre. *Paris, Collin de Plancy*, 1822, in-18, pap. vél. fig. dos et coins de mar. violet, tr. sup. dor. n. rog.

Exemplaire avec deux suites des figures, avant la lettre, en noir et au bistre.

364. Les Petites-Maisons du Parnasse, poëme comique d'un genre nouveau, en vers et en prose, par le cousin Jacques (Beffroy de Reigny). *A Bouillon*, 1783, in-8, d.-rel. v. n. rog.

365. Poésies légères, par M. R*** (Rouillé). *S. l.*, 1787, in-12, d.-rel. mar. r. dor. en tête, n. rog.

M. Rouillé, ancien professeur à l'université de Liége.

366. Cantiques et pots-pourris. *Londres*, 1789, in-18, fig. mar. lie de vin, tr. dor. fil. (*Capé.*)

367. Les Concerts républicains, ou Choix lyrique et sentimental, ouvrage orné de 4 gravures dessinées et gravées par Queverdo (publié par Mercier de Compiègne). *Paris, an* III *de la République*, in-18, br.

368. Tangu et Félime, poëme, par de la Harpe. *Paris, s. d.* (1780), in-12, v. m., fig. av. la l.

369. OEuvres anciennes d'André Chénier, revues par Ch. Robert. *Paris, Guillaume,* 1826, in-8, d.-rel. veau à nerfs.

370. Poésies philosophiques et descriptives des auteurs qui se sont distingués dans le XVIII^e siècle (recueillies par Cubières). *Paris, Cailleau,* 1792, 3 vol. in-18, d.-rel. v. n. rog.

371. Les Hautes-Pyrénées en miniature, ou Épître rimée, en forme d'extrait du beau voyage à Barége de Dusaulx, par Mérard-Saint-Just. *Paris,* 1790. (*Tiré à 25 ex.*) — Épître en prose et en vers, à Mad. Julie de Ch... M... de R... 1794; suivi de quelques fables (par le même). In-18, demi-mar. non rog.

372. La Morale de l'Enfance, ou collection de quatrains moraux, etc., par Morel (Vindé). *Paris, Didot,* 1800, in-12, pap. vél. br.

373. OEuvres choisies de Panard, par Armand Gouffé. *Paris, Capelle, an* XI (1803), 3 vol. in-18, réunis en un, veau.

374. Hérologues, ou chants des poëtes rois ; et l'Homme renouvelé, récit moral en vers par L. Lemercier. *Paris, Renouard*, 1804, in-12, br.

375. La Chandelle d'Arras, poëme en 18 chants (par l'abbé Dulaurens). *Paris*, 1807, in-8, pap. vel. fig. d.-rel. v. n. rog.

376. Népomucène-L. Lemercier. Poésies, 1 vol. in-8, non rog. (*Bradel.*)

Contenant : Moyse, frag. d'Homère, Alexandre, l'Atlantiade. *Paris, impr. Didot*, 1823. — Chants héroïques des montagnards et matelots grecs. *Paris, Canel*, 1824. Suite des Chants héroïques. *Paris, Canel*, 1825. — Boutade, extr. du Mercure. Feuillet ajouté.
Exempl. de Viollet-le-Duc.

377. La Panhypocrisiade, ou le Spectacle infernal du XVIe siècle, par Népomucène Lemercier. *Paris, Didot*, 1819.— Suite de la Panhypocrisiade, par le même. *Paris, Doyen*, 1832, 1 vol. gr. in-8, dos et c. de mar. r. tr. sup. dor. n. rog.

Rare, surtout avec la suite.

378. L'Art de dîner en ville, à l'usage des gens de lettres, poëme en quatre chants (par Colnet). *Paris, Colnet*, 1810, in-12, d.-rel. v.

379. La Gastronomie, poëme, par J. Berchoux. 4e édit. *Paris, Michaud*, 1805, in-18, papier vélin, veau, filets.

380. Les Loisirs, ou contes et poésies diverses par Pons (de Verdun). *Paris, Brasseur aîné*, 1807, in-8, pap. vél. d.-rel. veau.

381. Nouvel Art poétique, poëme, par Viollet-le-Duc. *Paris*, 1809. — Le Retour d'Apollon, poëme satirique, par le même, 1812. — L'Art de parvenir, poëme, par le même, 1817, un vol. in-12, d.-rel. v. n. rog.

382. La Navigation, poëme, par J. Esménard. 2e éd. *Paris*, 1806, in-8, bas.

383. Le Génie de l'homme, poëme, par Chênedollé. *Paris, Didot l'aîné*, in-12, v. fil. tr. dor.

384. Le Mérite des femmes, poëme, par G. Legouvé. *Paris*, *Didot l'aîné*, *an* IX, in-12, pap. vél. br.

385. Le Mérite des Femmes et autres poésies, par Legouvé. *Paris*, *Didot*, *Louis Janet*, *s. d.*, in-18, mar. v. dent. tr. dor. fig.

386. Méditations poétiques, par Alph. de Lamartine. Sec. édition. *Paris*, 1820, in-8, br.

387. OEuvres complètes de Millevoye. *Paris*, 1822, 4 vol. in-8, d.-rel. v. portr.

388. Mes Souhaits du jour de l'an 1823, poëme fugitif en un chant (par Clogenson). *Paris*, 1823, in-18, d.-rel. v. tiré sur 3 papiers différents : bleu, blanc et rose.

389. Le Printemps d'un proscrit, poëme en quatre chants, par Michaud. 8ᵉ édit. *Paris*, 1827, in-8, pap. vél. d.-rel. v. non rog.

390. OEuvres choisies de Lebrun. *Paris*, *Janet et Cotelle*, 1829, in-8, gr. pap. vél. d.-rel. portr.

391. Poésies érotiques, par Tissot. *Paris*, *Delaunay*, *s. d.*, 2 vol. in-12 en un, d.-rel. v. n. rog.

392. Napoléon en Égypte, poëme en huit chants, par Barthélemy et Méry. 2ᵉ édit. *Paris*, *Dupont*, 1828, in-8, d.-rel. v.

393. Poésies et traductions en vers par F. Didot. *Paris, Didot*, 1822, in-12, pap. vél. veau à nerfs. (*Thouvenin.*)

394. Vie, poésies et pensées de Joseph Delorme (Sainte-Beuve). *Paris, Delangle,* 1830, in-8, br.

395. Hymne à la Cloche, par E.-H. Langlois du Pont-de-l'Arche. *Rouen*, 1832, in-8, br.

Tiré à 100 exempl.

396. OEuvres de Barthélemy et Méry. 1 vol. in-8, demi-mar. n. rog.

Contenant : 1. Épître à Villèle. — 2. Sidiennes. — 3. Les Jésuites. — 4. Les Grecs. — 5. La Villéliade. — 6. Rome à Paris. — 7. La Peyronnéide. — 8. Une soirée chez M. de Peyronnet. — 9. Le Congrès des ministres. — 10. La Corbiéréide. — 11. La Censure.

397. Hégésippe Moreau. Le Myosotis, notice par Sainte-Marie Marcotte. *Paris, Masgana*, 1840, in-12, d.-rel. v.

398. Iambes et poëmes, par Aug. Barbier. *Paris*, 1841, in-12, d.-rel. v.

399. Le Bacara, poëme didactique, dédié aux Bordelais, suivi du Craps, par Barthélemy. *Bordeaux*, 1842, gr. in-8, br.

400. L'Art de fumer, ou la Pipe et le Cigare, poëme suivi de notes, par Barthélemy. *Paris*, 1844, gr. in-8, d.-rel. dos et coins de mar. tr. sup. dor. n. rog.

401. La Poésie dans les bois, par Arsène Houssaye. *Paris*, 1845, in-12, br. front. gr. 1 eau-forte de Jacque.

Édition tirée à 50 exempl.

402. Épîtres, par un matagraboliseur.... (Vandenzande). *Paris*, 1845-53, in-12, v. f. tr. dor. Collection complète.

Tiré à petit nombre.

403. Fanfreluches poétiques, par un matagraboliseur (Vandenzande). *Paris, Didot*, 1845, in-12, pap. bleu, portr., mar. comp. dent. tr. dor.(*Capé*.)

Tiré à 100 exempl. Non mis dans le commerce.

404. Poëtes et romanciers de la Lorraine, par de Puymaigre. *Paris, Didier*, 1848, in-12, d.-rel. v. non rog.

405. Les Nuits d'hiver, poésies complètes, par Henry Murger. *Paris, Lévy frères*, 1861, in-12, br.

406. L'Œuvre de M. le comte de Chevigné. La Muse champenoise au XIX^e siècle; notes critiques, sincères et inédites, par Louis Lacour. *Paris, Jouaust*, 1865, in-18, br.

407. Les Folies du sieur Le Sage, de Montpellier; l'Embarras de la fieiro de Beaucaire, en vers bur-

lesques vulgaris, par Jean-Michel, de Nismes. *Amst.*, *D. Pain*, 1700, un vol. in-12, vél.

408. Las Papillôtos, par Jasmin. *Agen*, *Noubel*, 1835-1863, 4 vol. in-8, br. fig.

409. Les Noëls bourguignons de Bernard de la Monnoye (Gui-Barôzai), publiés avec la traduction en regard, par Fertiault. *Paris*, *Lavigne*, 1842, in-12, d.-rel. mar. non rog. tr. dor. en tête.

410. Les Trois Fabulistes : Ésope, Phèdre et la Fontaine, par Chamfort et Gail. *Paris*, *Delance*, 1796, 4 vol. in-8, gr. pap. vél.

411. Fables inédites des XII^e^, XIII^e^ et XIV^e^ siècles, et Fables de la Fontaine rapprochées de celles de tous les auteurs qui avaient, avant lui, traité les mêmes sujets; précédées d'une notice sur les fabulistes, par A.-C.-M. Robert. *Paris*, *Cabin*, 1825, 2 vol. in-8, avec un portr. 90 gravures et 4 facsimile, pap. vél. br. fig. à lettres grises.

412. Fables mises en vers, par J. de la Fontaine. *Dijon*, *Causse*, 1793, 2 vol. in-12, d.-mar. pap. vélin.

413. Fables mises en vers, par J. de la Fontaine. *Dijon*, *Causse*, 1793, 2 vol. in-12, dos et coins de mar. r. tr. sup. dor. non rog.

414. Fables de J. de la Fontaine. *Paris*, *Lefèvre*, 1824, 2 vol. in-18, v. portr.

415. Fables causides de la Fontaine, en bers gascouns. *Bayoune*, 1776, in-8, d.-rel. v. fig. non rogné.

416. La Fontaine et les Fabulistes, par Saint-Marc Girardin. *Paris*, *Lévy*, 1867, 2 vol. in-8, br.

417. Fables de Florian. *Paris*, *Didot*, 1792, in-18, pap. vél. d.-rel. mar. n. rog.

418. Fables en vers, par S.-P. de Mérard de Saint-Just. 3^e^ édition. 1799, 4 vol. in-12, br.
Tiré à 25 exempl.

419. Fables de Le Bailly. *Paris*, *Brière*, 1823, in-8, papier vélin, d.-rel. veau à nerfs, non rogné.

420. Fables (par Vandenzande). *Paris*, *Didot*, 1849, in-12, pap. vél. dos et coins de mar. vert, tr. sup. dor. non rog., portr. sur papier jonquille.

Tiré à 200 exempl. Non mis dans le commerce.

421. Fables (par Vandenzande). *Paris, Didot*, 1849, in-12, mar. comp. dent. tr. dor. pap. bleu, portr. (*Capé.*)

Tiré à 200 exempl. Non mis dans le commerce.

422. Fables (par Vandenzande). *Paris*, *Didot*, 1849, in-12, papier rose, mar. doublé de moire, fil. tr. dor. portr. (*Capé.*)

Tiré à 200 exempl. Non mis dans le commerce.

423. Fables (par Vandenzande). *Paris, Didot*, 1849, in-12, dos et coins de mar. lie de vin, tr. sup. dor. non rog. portr.

Tiré à 200 exempl. Non mis dans le commerce.

424. Fables (par Vandenzande). *Paris*, *Didot*, 1849, in-12, br. pap. vél.

Tiré à 200 exempl., ne se vend pas : 8 exempl. en papier blanc, 1 en bleu, 1 en rose et 1 jonquille.

425. Fables et fabliaux, par F. Grille. *Paris*, 1852, 2 vol. in-12, br.

426. Essai sur les fables indiennes et sur leur introduction en Europe, par Loiseleur-Deslongchamps, suivi du roman des Sept Sages de Rome, en prose, édition Le Roux de Lincy. Pour servir d'introduction aux fables des XII$^{e}$, XIII$^{e}$ et XIV$^{e}$ siècles, publ. par Robert. *Paris*, *Techener*, 1838, in-8, br. pap. vél.

427. Chansons joyeuses, mises au jour par un âne-onyme, onissime (par Collé). *A Paris*, *à Londres et à Ispahan seulement*, *de l'imprimerie de l'Académie de Troyes*, *VXL.CCD.M* (1765), in-12, v. fil. tr. dor.

428. Les Chiens, conte en vers, distribué en trois chants, enrichi de figures (par de Culan). *Paris, Rollin*, 1729, dos et coins de mar. r. tr. sup. dor. non rog.

429. Contes et opuscules, en vers et en prose, suivis de poésies fugitives, par Andrieux. *Paris*, 1800, in-8, d.-rel. v. non rog.

Dans le même volume : Saint Roch et saint Thomas, nouvelle. *Paris*, 1802. — Saint Roch à Andrieux, par H. D.

Plusieurs pièces de ce recueil n'ont pas été insérées dans les œuvres de l'auteur, en 4 vol. in-8.

430. Les A-propos de société, ou Chansons de M. L..... (Laujon). *S. l.*, 1776, 3 vol. in-8, dos et coins de mar. tr. sup. dor. non rog. fig.

431. Chansons et Poésies de Désaugiers. *Paris*, 1842, in-12, d.-rel. v.

432. Chansons morales et autres, par P.-J. de Béranger, convive du Caveau moderne; grav. et musique. *Paris, Eymery*, 1816, in-18, d.-rel. dos et coins de mar. r. tr. sup. dor. n. rog.

433. OEuvres complètes de Béranger, édition illustrée par Grandville. *Paris*, 1836, 3 vol. in-8, d.-rel. v. non rog.

434. OEuvres complètes de Béranger, édition elzévirienne. *Paris*, 1842, in-12, d.-rel. v.

435. Dernières Chansons de Béranger, de 1834 à 1851, avec une lettre et une préface de l'auteur. *Paris, Perrotin*, 1857, in-8, br.

436. Histoire de la poésie des Hébreux, par Herder, trad. de l'allemand par la baronne de Carlowitz. *Paris, Didier*, 1845, in-12, d.-rel. v.

437. Écrivains et Poëtes de l'Allemagne, par Henri Blaze. *Paris, Michel Lévy*, 1846, in-12, d.-rel. v.

438. Le Roman du Renard, traduit pour la première fois d'après un texte flamand du XII$^{e}$ siècle, édité par Willems; augmenté.... par Octave Dele-

pierre. *Paris, Techener, s. d.*, pap. vél. dos et coins de mar. violet, tr. sup. dor. non rog.

439. Obéron, poëme héroïque, par Wieland, trad. nouvelle par Auguste Jullien. *Paris, Masgana*, 1843, in-12, d.-rel. v.

440. La Messiade, poëme en 20 chants, par Klopstock, trad. nouv. par la baronne de Carlowitz. *Paris*, 1840, in-12, d.-rel. v.

441. L'Enfer, le Paradis et le Purgatoire, poëmes du Dante, traduits de l'italien (par Artaud). *Paris*, 1812, 3 vol. in-8, d.-rel. mar. v., frontispice.

442. La Divine Comédie de Dante Alighieri, trad. nouv. par P.-Angelo Fiorentino. *Paris*, 1841, in-12, d.-rel. v.

443. Dante et la Philosophie catholique au XIIIe siècle, par Ozanam; nouv. éd. *Paris, Lecoffre*, 1845, in-8, d.-rel. mar.

444. Jérusalem délivrée, poëme du Tasse, trad. par le prince Le Brun; notice par Suard. *Paris, Gosselin*, 1841, in-12, d.-rel. v.

445. Le Paradis perdu, par Milton, trad. par de Pongerville. *Paris, Charpentier*, 1841, in-12, d.-rel. v.

446. OEuvres de lord Byron, trad. par Amédée Pichot. *Paris, Furne*, 1835, 6 vol. in-8, d.-rel. v.

447. Romancero général, ou Recueil des chants populaires de l'Espagne, trad. par Damas-Hinard. *Paris, Charpentier*, 1844, 2 vol. in-12, d.-rel. v.

448. Les Lusiades, ou les Portugais; trad. de Camoens par Millié. *Paris, Didot*, 1825, 2 vol. in-8, d.-rel. v. non rog. portr. aj. — Camoens, ode, par M. Raynouard. *Paris*, 1819.

449. Poésies choisies de Sauveur Le Gros. *Bruxelles*, 1857, in-12, d.-rel. v. non rog., deux portr. dont un à l'eau-forte.

Ce vol. contient le catalogue des pièces qui composent l'œuvre de Sauveur le Gros, graveur à l'eau-forte, rédigé par Frédéric Hillemacher.

450. Hudibras, poëme de Samuel Butler, trad. en vers français par J. Towneley. 2e éd. *Londres et Paris*, 1819, 3 vol. in-12, d.-rel. v. fig. texte en regard.

451. Le Cimetière de campagne, élégie anglaise, de Gray, trad. nouvelle en vers français (par M.-J. Chénier). *Paris*, 1805, in-8, d.-rel. v. pap. vél.

452. Les Saisons, poëme de Thompson, trad. par F.-B. (Frémin-Beaumont). *Paris*, 1806, in-8, d.-rel. v. pap. vél.

## IV. THÉATRE.

454. Cours de littérature dramatique, ou de l'Usage des passions dans le drame, par Saint-Marc Girardin. *Paris*, 1845, 4 vol. in-12, d.-rel. v.

455. Cours de littérature dramatique, ou Recueil des feuilletons de Geoffroy, 2e éd. *Paris*, 1825, 6 vol. in-8, d.-rel. v. (*Capé.*)

456. Études sur les tragiques grecs, par Patin. *Paris, Hachette*, 1841, 3 vol. in-8, d.-rel. v.

457. Examen des tragiques anciens et modernes, par Martin (de Genève). *Paris, Moutardier*, 1834, 3 vol. in-8, d.-rel. v. (*Capé.*)

458. La Grèce tragique, par Léon Halévy. *Paris, Jules Labitte*, 1846, in-8, d.-rel. mar. avec envoi d'auteur.

459. Théâtre des Grecs, par le P. Brumoy, nouv. éd. *Paris, Cussac*, 1785-1789, 13 vol. in-8, fig. v. fil. (*Doll.*)

460. Études sur le théâtre latin, par Maurice Meyer. *Paris, Dezobry et Comp.*, 1847, in-8, d.-rel. v. (*Capé.*)

461. Plaute, Térence et Sénèque le tragique, de la collection Nisard. *Paris*, 1844, gr. in-8, d.-rel. non rog.

462. Les Comédies de Térence (trad. par l'abbé Lemonnier). *Paris*, 1771, 3 vol. in-8, v. fil. fig.

463. Patelinus, nova comœdia, alias Veterator, etc. *Parisiis*, *Sim. Colinæus*, 1543, in-8 de 28 ff. v.

464. Histoire du Théâtre-Français, par Etienne et Martainville. *Paris*, *Barba*, 1802, 4 vol. in-12, réunis en deux, d.-rel. v.

465. Mémoires pour servir à l'histoire des spectacles de la foire, par un acteur forain (les frères Parfaict). *Paris*, 1743, 2 vol. in-12, v. b.

466. Histoire des petits théâtres de Paris, par Brazier. *Paris*, 1838, 2 vol. in-18, rel. en un, d.-rel. v.

467. Deburau. Histoire du théâtre à quatre sous... *Paris*, *Gosselin*, 1833, 2 tom. en un vol. in-12, dos et coins de mar. r. tr. sup. dor. n. rog. fig.

468. Collection des mémoires sur l'art dramatique. *Paris*, 1822-25, 14 vol. in-8, d.-rel. v. (*Capé*.)

469. Adam, représentation de la chute du premier homme, imitation libre du drame anglo-normand du XII^e siècle, publié par Luzarche. *Paris*, 1855, gr. in-8, br.

470. Bibliothèque dramatique, ou Répertoire universel du Théâtre-Français. *Paris*, *Dabo*, 1825, 16 vol. in-8, d.-rel. v. (*Capé*.)

Savoir : Ducerceau, Fuselier, d'Allainval, Romagnési, 1 vol. — Visé, la Fontaine, Lachapelle, Desmarres, 1 vol. — Andrieux, Vigée et Pieyre, 1 vol. — Raynouard, Baour-Lormian, 1 vol. — Mercier, 1 vol. — Favart, 1 vol. — Scarron, Montfleury, 1 vol.— Baron, 1 vol. — Pigault-Lebrun, De Longchamps, 1 vol. — Saurin, 1 vol. — Diderot, 1 vol. — Fabre d'Eglantine, 1 vol. — Dancourt, 2 vol. — Etienne (*portr.*), 2 vol.

471. Chefs-d'œuvre de P. Corneille avec les commentaires de Voltaire, par M. Lepan. *Paris*, *Cordier*, 1817, 5 vol. in-8, d.-rel. veau vert.

472. Chefs-d'œuvre de P. Corneille et de Th. Corneille, édition stéréotype. *Paris*, *Didot l'aîné*, *an VIII*, 4 vol. in-12, gr. pap. vél.

473. OEuvres de Jean Racine. *Stér. Didot*, *an XI*, (1803), 5 vol. in-18, gr. pap. vél. d.-rel. v.

474. OEuvres de Jean Rotrou (publiées par Viollet-le-Duc). *Paris*, *Desoer*, 1820, 5 vol. in-8, d.-rel. dos et coins de mar. r. tr. sup. dor. non rogn. (*Capé.*)

475. OEuvres poétiques de J. Racine. *Paris, Lefèvre*, 1824, 4 vol. in-18, v. fil.

476. OEuvres complètes de J. Racine, avec les notes de tous les commentateurs, 4e éd., publ. par Aimé-Martin. *Paris, Lefèvre*, 1825, 7 vol. in-8, d.-rel. v.

De la Collection des classiques français.

477. Remarques de grammaire sur Racine, par l'abbé d'Olivet. *Paris*, 1738, in-12, cart. n. rog.

478. Dictionnaire critique des locutions et des alliances de mots introduites dans la langue française par J. Racine, par L. A.-M. (Aimé-Martin), 1844, in-8, dos et coins de mar. tr. sup. dor. n. rogné.

479. Les Ennemis de Racine au xviie siècle, par Deltour. *Paris*, 1859, in-8, br. portr.

480. OEuvres de J.-B. Poquelin de Molière. *Stér. Didot, an VII*, 8 vol. in-18, gr. pap. vél. d. et c. de mar. tr. sup. dor. n. rog. portr.

481. OEuvres de Molière, avec un commentaire par Auger. *Paris*, 1819-25, 9 vol. in-8, gr. pap. vél. fig. avant la lettre, d.-rel. mar. non rog. *fig. de Desenne avant la lettre ajoutées.*

482. OEuvres de Molière, avec un commentaire, un discours préliminaire et une vie de Molière, par Auger. *Paris, Desoer*, 1819-25, 9 vol. in-8, pap. sat. orné du portrait de Molière gravé par Lignon, et de 16 gravures d'après les tableaux d'Horace Vernet, d.-rel. nerfs, dorés en tête, n. rog.

**A la fin du tome II, qui renferme les Précieuses ridicules, on a placé un opuscule du comte Rœderer, intitulé : *Fragments de divers mémoires, pour servir à l'histoire de la Société polie en France. Paris, F. Didot*, 1834, 36 p. — Histoire de la vie et des ouvrages de Molière, par Jules Taschereau.**

2e édition, revue et augmentée. *Paris, Brissot-Thivars*, 1828. Orn. du portr. de Molière et d'un fac-simile de sa signature.

A la suite de cet ouvrage, on a placé : 1° Supplément aux diverses éditions des œuvres de Molière, ou lettres sur la femme de Molière, et poésies du comte de Modène son beau-père (par le marquis de Fortia et Delaporte). *Paris, Dupont*, 1825, 172 p. — 2° Dissertation sur J.-B. Poquelin de Molière, sur ses ancêtres, l'époque de sa naissance, sur son buste, etc., etc., par L.-F. Beffara. *Paris*, 1821, 28 pages. — 3° Maison natale de Molière. — Lettre de M. Beffara à l'éditeur de la *Revue rétrospective*, 25 novembre 1833. — Extrait manuscrit de la *Revue rétrospective*, n° 3. Décembre 1833. — 4° Deux pièces inédites de J.-B. P. de Molière (la Jalousie du Barbouillé, le Médecin volant). *Paris, Desoer*, 1819, 71 p.

Le tout réuni en 1 vol. in-8. Même reliure que celle des œuvres de Molière.

483. Galerie historique des portraits des comédiens de la troupe de Molière, gravés à l'eau-forte par Fr. Hillemacher, avec des détails biographiques succincts relatifs à chacun d'eux. *Lyon, L. Perrin*, 1858, in-8, pap. de Hollande, mar. jans. tr. sup. dor. n. rog.

N° 9 de 100 exemplaires. Devenu rare.

484. Notes historiques sur la vie de Molière, par A. Bazin, 2e éd., augm. *Paris, Techener*, 1851, in-12, dos et coins de mar. r. tr. sup. dor. n. rog. (*Capé.*)

485. Études sur Molière, par Cailhava. *Paris, Debray*, 1802, in-8, v. éc. fil.

486. Molière commenté d'après les observations de nos meilleurs critiques, son éloge par Chamfort et des remarques inédites du P. Roger, ex-jésuite, par Simonnin. *Paris*, 1813, 2 vol. in-12, mar. fil. (*Aux armes.*)

487. Supplément aux diverses éditions des œuvres de Molière et poésies du comte de Modène, son beau-père (publ. par Fortia d'Urban). *Paris, Didot*, 1825, in-8, br.

488. Lexique comparé de la langue de Molière et des écrivains du XVIIe siècle, par F. Génin. *Paris, Didot*, 1846, in-8, d.-rel. mar.

489. OEuvres de Du Cerceau, contenant son théâtre et ses poésies. *Paris et Lyon*, 1828, 2 vol. in-8, d.-rel. v. n. r.

490. OEuvres de Regnard. *Edit. stéréotype de F. Didot, Paris*, 1801, 5 vol. in-18, bas. gr. pap. vél.

491. OEuvres de Regnard. *Stér. Didot*, 1801, 5 vol. in-18, gr. pap. vél. d.-rel. d. et coins de mar. vert. tr. sup. dor. n. rog.

492. OEuvres de J.-F. Regnard. *Paris*, *Didot*, 1819, 4 vol. in-8, d.-rel. veau.

493. Œuvres dramatiques de Destouches. *Paris*, *Crapelet*, 1820, 6 vol. in-8, bas.

494. OEuvres de Nivelle de la Chaussée. *Paris*, 1762, 5 vol. in-18, v. fil. pap. de Hollande.

495. Œuvres de Crébillon, éd. publiée par Parrelle. *Paris*, *Lefèvre*, 1828, 2 vol. in-8, d.-rel. v.

496. Galerie historique des portraits des comédiens de la troupe de Voltaire, gravés à l'eau-forte, sur des documents authentiques, par Frédéric Hillemacher, avec des détails biographiques inédits recueillis sur chacun d'eux par E.-D. de Manne, conservateur-adjoint à la Bibliothèque impériale, dédié à la Comédie-Française. *Lyon*, *Perrin*, 1861, in-8, br.

Tiré à 250 exempl.; n° 87. Envoi de l'auteur.

497. OEuvres de M.-J. Chénier, revues et corrigées par D.-Ch. Robert, et ornées du portrait d'après H. Vernet. *Paris*, *Guillaume*, 1826, 5 vol. in-8, d.-rel. veau à nerfs.

498. OEuvres posthumes de M.-J. Chénier, précédées d'une notice sur Chénier par Daunou. *Paris*, *Guillaume*, 1824, 3 vol. in-8, d.-rel. veau à nerfs.

499. OEuvres de Collin-d'Harleville. *Paris*, 1828, 4 vol. in-8, d.-rel. v. n. r.

500. Charles II, roi d'Angleterre, en certain lieu, comédie très-morale, en cinq actes très-courts, par un disciple de Pythagore (attrib. à Mercier de l'Institut). *Venise* (*Paris*), 1789, in-8, dos et coins de mar. tr. sup. dor. n. rog.

501. Du Second Théâtre-Français, ou Introduction à la Déclamation dramatique, par N.-L. Lemercier, *Paris, Nepveu*, 1818; in-8, d.-rel. v.

Dans le même volume : Les Vêpres siciliennes. *Paris, Barba*, 1819. — Louis IX. *Paris, Barba*, 1819. — Marie Stuart. *Paris*, 1820.

502. Népomucène-L. Lemercier. OEuvres dramatiques :

Agamemnon, trag. *Paris, an V*; 2 exempl. — Ophis, trag. *Paris, an VII*; 2 exempl. — Le Faux-Bonhomme, com. *Paris*, 1817. — Tibère, trag. *Paris*, 1819. — Frédegonde et Brunehaut, trag. *Paris, Barba*, 1821, pap. vél. (avec un envoi de la main de l'auteur à M. Arnault). — Agar et Ismaël, ou l'Origine du peuple arabe, scène orientale. *Paris, Neveu*, 1818. — Discours de la nature sur l'équilibre universel et autres fragments. *Paris, Brasseur aîné*, 1806, br. 24 pages.

503. Comédies historiques, par N. Lemercier. *Paris*, 1828; in-8, d.-rel. v. (*Capé*.) Pinto; Richelieu; l'Ostracisme.

504. OEuvres d'Andrieux. *Paris*, 1818; 4 vol. in-8, v. fil. fig.

505. Les Deux Gendres, Conaxa, l'Intrigante, et brochures diverses relatives au procès. 2 vol. in-8, d.-rel. v.

506. OEuvres de Picard. *Paris*, 1821; 11 vol. in-8, d.-rel. v. y compris le théâtre républicain.

507. Comédies historiques (par Rœderer.) *Paris*, 1827; in-8, d.-rel. v. (*Capé*.)

508. OEuvres complètes d'Alexandre Duval. *Paris, Barba*, 1822; 9 vol. in-8, d.-rel. veau (*Capé*). — Charles II, ou le Labyrinthe de Woodstock, comédie en trois actes, en prose. *Paris*, 1828; in-8, d.-rel. v. (*Capé*). — Le Misanthrope du Marais, ou la Jeune Bretonne, historiette des temps modernes, par Alex. Duval. *Paris*, 1832; in-8, d.-rel. v. — En tout, 11 vol. in-8, d.-rel. v. (*Capé*.)

509. Proverbes dramatiques, par Théodore Leclercq. *Paris, Sautelet*, 1827; 10 vol. in-8, d.-rel. v. n. rog.

510. Proverbes dramatiques de Carmontelle. *Paris*, 1822 ; 4 vol. in-8, d.-rel. v. non rog.

511. Nouveaux Proverbes dramatiques, par Carmontelle. *Paris*, 1811 ; 2 vol. in-8, d.-rel. v. n. rog.

512. Proverbes et Comédies posthumes de Carmontelle, précéd. d'une notice par M$^{me}$ de Genlis. *Paris, Ladvocat*, 1825 ; 3 vol. in-8, d.-rel. v. n. rog.

513. Messéniennes et Poésies diverses de C. Delavigne. 1 vol. — Théâtre du même. 5 vol. *Paris, Furne*, 1833 ; en tout 6 vol. in-8, d.-rel. v.

514. Chefs-d'OEuvre des Théâtres étrangers, traduits en français par MM. Aignan, Andrieux, etc. *Paris, Ladvocat*, 1822 ; 25 vol. in-8, d.-rel. veau. (*Capé*.)

515. OEuvres complètes de Shakspeare, trad. de l'anglais par Le Tourneur. Nouv. édit., don. par Guizot (et Am. Pichot). *Paris, Ladvocat*, 1821 ; 13 vol. in-8, d.-rel. v. n. rog.

516. OEuvres dramatiques de Schiller, trad. de l'allemand par M. de Barante. *Paris, Ladvocat*, 1821, 6 vol. in-8, d.-rel. v. (*Capé*.)

517. Tchao-chi-kou-cul, ou l'Orphelin de la Chine, drame en prose et en vers, etc., trad. du chinois par Stanislas Julien. *Paris*, 1834 ; in-8, br. pap. vél.

### V. ROMANS. — CONTES EN VERS ET EN PROSE.

518. Romans grecs : Daphnis et Chloé, de Longus, trad. par Amyot ; — Théagène et Chariclée, d'Héliodore, trad. par le même ; — La Luciade, ou l'Ane de Lucius de Patras, trad. par Denne-Baron ; — L'Eubéenne, ou le Chasseur, de Dion Chrysostome, trad. par Alban. *Paris*, 1842 ; in-12, d.-rel. v.

519. Les Pastorales de Longus, ou Daphnis et Chloé, trad. par Amyot, revue et corrigée par P.-L. Courier. *Paris, Alexandre Corréard*, 1821 ; in-8, papier vélin, d.-rel. dos et coins de maroquin.

520. La Luciade, ou l'Ane de Lucius de Patras, avec le texte grec revu sur plusieurs manuscrits (par Courier). *Paris, Bobée*, 1818 ; in-12, pap. vél. dos et coins de mar. v. tr. sup. dor. non rogné. (*Capé.*)

On a joint, écrite à la main, la traduction par Courier du passage supprimé.

521. La Luciade, ou l'Ane de Lucius de Patras, trad. nouvelle, texte en regard ; — l'Histoire véritable de Lucien, trad. de Belin de Balu, texte en regard. *Blois*, 1827, in-18, dem.-mar. tr. s. d. non rog. pap. vél.

522. Apuleii Metamorphoseon libri undecim ex optimis exemplaribus emendati. *Parisiis, apud Ant. Aug. Renouard*, 1796 ; 3 vol. in-18, d.-rel. v. pap. vél. non rog.

523. Satire de Pétrone (trad. par Nodot). 1713, 2 vol. in-8, veau.

524. Satire de Pétrone, nouv. trad. par le citoy. D. (Durant). *Paris et Avignon*, 1803, 2 vol. in-8, cart. (*Bradel.*)

525. L'Argénis, de Barclay, trad. par l'abbé Josse. *Chartres, Besnard*, 1732, 3 vol. in-12, v. m.

526. Le Roman du roi Flore et de la belle Jeanne, publié par Francisque Michel. *Paris, Techener*, 1838, in-12, dos et coins de mar. vert, tr. sup. dor. non rogné.

Tiré à petit nombre.

527. Histoire de Huon de Bordeaux, par Tressan. *Paris, Didot le jeune, an VII* ; in-18, pap. vél. fig. dos et coins de mar. tr. sup. dor. n. rog.

528. Histoire de Gérard de Nevers et de la belle Euriant sa mie, par Tressan. *Paris, Didot jeune,*

1792, pap. vél. dos et coins de mar. tr. sup. dor. non rog.

529. Histoire du petit Jehan de Saintré et de la dame des Belles-Cousines, par de Tressan. *Paris, Didot jeune*, 1791, in-18, pap. vél. fig. dos et coins de mar. tr. sup. dor. non rog. (*Capé.*)

530. L'Hystoire et plaisante cronicque du Petit Jehan de Saintré et de la jeune dame des Belles-Cousines, éd. publ. par Guichard. *Paris, Gosselin*, 1843, in-12, d.-rel. v.

531. Histoire de Tristan de Léonois et de la reine Yseult, par Tressan. *Paris, Didot le jeune, an VII*, 2 vol. in-18, pap. vél. dos et coins de mar. tr. sup. dor. non rog.

532. Les Cent Nouvelles nouvelles, éd. de Le Roux de Lincy. *Paris*, 1841, 2 vol. in-12, d.-rel. v.

533. L'Heptaméron, ou Histoire des Amants fortunés, nouvelles de la reine de Navarre. Ed. du bibliophile Jacob. *Paris*, 1841; in-12, d.-rel. v.

534. Études sur l'Astrée et sur Honoré d'Urfé, par Norbert Bonafous. *Paris, Didot*, 1846, in-8, d.-rel. v.

535. Les Aventures du baron de Fœneste, par d'Aubigné. Ed. de Le Duchat, *Cologne*, 1729, 2 vol. in-8, v. fig.

536. Histoire comique des États et empires de la lune et du soleil, par Cyrano de Bergerac. *Paris*, 1858, éd. Jacob, gr. in-12, br.

537. Relation de l'Isle imaginaire. Histoire de la princesse de Paphlagonie, par M^lle^ de Montpensier. *Paris, Renouard*, 1805, in-12, pap. vél. dos et coins de mar. r. tr. sup. dor. non rog. (*Capé.*)

538. Relation de l'isle de Bornéo (attrib. à Fontenelle). *En Europe* (*Paris, Didot*), 1807, in-12, 47 pag.

pap. vél. dos et coins de mar. r. fil. tr. sup. dor. non rog.

Tiré à 100 exemplaires.

539. Les Aventures de Télémaque, par Fénelon. *Paris, Didot* (*collection du Dauphin*), 1784, 2 vol. in-8, pap. vél. Trois suites de fig. de Moreau, eaux-fortes avant et avec la lettre, mar. r. fil. tr. dor. (*Capé.*)

540. Les Aventures de Télémaque, par Fénelon. *Paris, Didot*, 1814, 2 vol. in-8, d.-rel. pap. fin.

541. OEuvres complètes de M^mes^ de La Fayette, de Tencin et de Fontaines. *Paris, Moutardier*, 1825, 5 vol. in-8, d.-rel. v.

542. OEuvres complètes du comte Antoine Hamilton. *Paris, Belin*, 1818, in-8, d.-rel. v. (*Capé.*) — Suite des Quatre Facardins et de Zénéyde, contes d'Hamilton, terminés par M. de Lévis. *Paris, Renouard*, 1812, 112 p. in-8.

543. Mémoires du comte de Grammont, par Antoine Hamilton. *Londres*, 1781, 2 vol. in-18, rel. en un, d. et c. de mar. r. dor. en tête, non rogné.

544. Histoire de Gil Blas de Santillane, par Le Sage; édition collationnée sur celle de 1747, corrigée par l'auteur et par le comte François de Neufchâteau. *Paris, Lefèvre*, 1820, 3 vol. in-8 (*Bradel.*)

545. Le Diable boiteux, augmenté des Béquilles du Diable boiteux (par Le Sage). *Dijon, Frantin*, 1797, 2 vol. in-12, tirés sur in-8, d.-rel. v. (*Allo.*)

546. Histoire de Manon Lescaut et du chevalier des Grieux, par l'abbé Prévost. *Paris*, 1860, 2 vol. in-18, tiré sur in-12, pap. vél. (*Réimpression de Leclère.*)

547. Lettres d'une Péruvienne, par M^me^ de Graffi-

gny. *Paris, Didot l'aîné*, 1797, 2 vol. grand in-18, pap. vél. v. fil. tr. d. fig. avant la lettre. Bel exemplaire.

548. Lettres athéniennes, extraites du portefeuille d'Alcibiade (par Crébillon fils). *Londres*, 1771, 4 vol. in-12, rel. en 2, v. m.

549. Les Étrennes de la Saint-Jean, troisième édition, augmentée. *Troyes, veuve Oudot*, 1751, in-12, dos et coins de mar. vert, tr. sup. dor. n. rog.

550. Histoire du prince Titi (par de Saint-Hyacinthe). *Paris*, 1752, 3 vol. in-12, v. fil. (*Vogel.*)

551. Les Amours du bon vieux tems (Aucassin et Nicolette..., publ. par de La Curne de Sainte-Palaye). *Paris, Duchesne*, 1756, in-12, dos et coins de mar. tr. sup. dor. non rog.

552. Histoire amoureuse de Pierre Le Long et de sa très-honorée dame Blanche Bazu (par de Sauvigny). *Londres*, 1765, in-12, v.

553. Choix de petits romans de différens genres, par M. L. M. D. P. (de Paulmy). *Paris, Cazin*, 2 vol. in-18, cart. n. rog.

554. Recueil de çes Messieurs (par de Caylus, Maurepas, etc.). *Amsterdam*, 1745, in-12, v. m.

555. Les Manteaux, recueil (par le comte de Caylus). *La Haye*, 1746, in-12, d. rel. bas. fig.

556. Le Pot-pourri, ouvrage nouveau de ces Dames et de ces Messieurs (par le comte de Caylus). *Amst.*, 1748, in-12, d.-rel. v.

557. Mémoires historiques et galants de l'Académie de ces Dames et de ces Messieurs, par Antoine-Martin Vadé (Antoine-Marie Daulu). *Paris*, 1776, 2 vol. en un, in-12, d.-rel.

558. Le Compère Mathieu, ou les Bigarrures de l'esprit humain (par Dulaurens). *Paris*, 1831, 4 vol. in-18, br. gr.

559. Romans et contes de M. de ***. *Londres*, 1767; cinq parties en 2 vol. in-18, v. fil. fig.

560. Jacques Cazotte. Œuvres choisies : le Diable amoureux. Aventure du pèlerin. L'Honneur perdu et recouvré. La Belle par accident, précéd. d'une notice sur l'auteur. *Paris*, *Paulin*, 1847, in-18, d.-rel. v.

561. Mémoires turcs, par un auteur turc de toutes les académies, etc. (Godart-Daucour). *Amst.*, 1776, deux parties en un vol. in-12, v. fig.

562. Romans et contes de M. de Voltaire. *Bouillon*, 1778, 3 vol. in-8, v. m. fil. fig. de Monnet.

563. Les Liaisons dangereuses, par C... de L... (Choderlos de Laclos). *Paris*, *Durand*, 1782, 2 vol. in-12, v. m.

564. Corinne, ou l'Italie, par Mme de Staël, préf. par Sainte-Beuve. *Paris*, *Charpentier*, 1841, in-12, d.-rel. v.

565. Paul et Virginie, par Bernardin de Saint-Pierre. *Paris*, *Didot l'aîné*, 1806, in-4, d.-rel. dos et coins de mar. vert, tr. sup. dor. non rog. fig.

566. Paul et Virginie, par Bernardin de Saint-Pierre. *Paris*, *Curmer*, 1838, gr. in-8, fig. sur chine, d.-rel. dos et coins de mar. bl. tr. sup. dor. n. rog. (*Capé*.)

567. Mon Journal d'un an, ou Mémoires de Mlle de Rozadelle-St-Ophelle par M. A. J... (Mérart Saint-Just). *Parme et Paris*, *pour tous les temps*, *s. d.* in-18 br.

568. Primerose, par M..el de V..dé (Morel de Vindé). *Paris*, *Didot*, 1798, in-18 br.

569. Zélomir, par Morel (Vindé). *Paris*, *Didot*, 1801, in-18 br. pap. vél.

570. Les Proscrits, par Charles Nodier. *Paris*, in-12 br.

571. Les Amours de Zoroas et de Pancharis, poëme érotique et didactique, par un amateur de l'antiquité (Petit-Radel). *Paris*, 1802, 3 vol. in-8, v. fil. pap. vél. fig.

572. Betzi, ou l'Amour comme il est, roman qui n'en est pas un (par Meister). *Paris*, *Renouard*, 1803, in-18, pap. vél. dos de mar. r. non r.

573. Mademoiselle de Clermont, nouvelle historique, par Mad. de Genlis. *Paris*, 1813, in-18, d.-rel. mar. non rog. fig.

574. Le Diable peint par lui-même, ou Galerie de petits romans, etc., par Collin de Plancy. *Paris*, 1819, 1 vol. in-8, d.-rel. v.

575. Delphine, par Mad. de Staël. Préface par Sainte-Beuve. *Paris, Charpentier*, 1842, in-12, d.-rel. v.

576. Ourika (par Mad. de Duras). *Paris*, *Ladvocat*, 1826, in-12, pap. vél. dos et coins de mar. v. tr. sup. dor. non rog.

577. Edouard, par l'auteur d'Ourika (Mad. de Duras). *Paris*, *Ladvocat*, 1825, 2 v. in-12, pap. vél. dos et coins de mar. v. tr. sup. dor. non rog.

578. Adolphe, anecdote trouvée dans les papiers d'un inconnu (par Benjamin Constant). *Paris*, 1828, in-18, d.-rel. v.

579. Une Famille, ouvrage à l'usage de l'enfance, suivi de nouveaux contes, par Mme Guizot. *Paris*, 1828, 2 vol. in-8 réunis en un, br. fig.

580. Les Derniers Bretons, par Emile Souvestre. *Paris*, 1843, in-12, d.-rel. v.

581. Franciscus Columna, dernière nouvelle de Charles Nodier. *Paris, Techener*, 1844, in-12 br.

Un exemplaire avec un portrait en buste; un autre exemplaire avec un portrait jusqu'au genou.

582. Remensiana. Historiettes, légendes et tradi-

tions du pays de Reims. *Reims*, 1845, in-32, d.-rel. v. non rog.

583. Le Sorcier (par Goux). *Agen*, 1862, in-18, br. 1re édition.

Avec envoi de l'auteur.

584. Songe de Poliphile, trad. de l'italien par Legrand. *Paris*, *Didot l'aîné*, 1804, 2 vol. in-12, pap. vél. mar. violet. (*Vogel.*)

Exemplaire de Renouard.

585. Jean Boccace. Le Décaméron, ou les Dix Journées galantes, trad. de l'italien par Sabatier de Castres, rev. par Christian. *Paris*, 1842, in-12, d.-rel. v.

586. L'Ingénieux Chevalier Don Quixote de la Manche. *Paris*, *Desoer*, 1821, 4 vol. in-18, dos et coins de mar. tr. sup. dor. non rog. pap. fort. (*Trad. par de l'Aulnay.*)

587. Œuvres complètes de Cervantès, trad. par Bouchon-Dubournial. — Le Don Quichotte. *Paris*, 1821, 4 vol. in-8, d.-rel. v. fig. n. rog.

588. OEuvres complètes de Cervantès (Persilès, ou les Pèlerins du Nord), traduit de l'espagnol par M. Bouchon-Dubournial. *Paris*, *Méquignon-Marvis*, 1822, 2 vol. in-8, d.-rel. v. à nerfs.

589. Nouvelles de Michel Cervantes Saavedra. *Amsterdam et Leipzig*, *Arkstée et Merkus*, 1768. — Histoire de l'admirable don Quichotte de la Manche, *ibidem*. 8 vol. in-12, v. fil. tr. dor. relié par Motet.

590. Les Principales Aventures de l'admirable Don Quichotte, représentées en figures, par Coypel, Picart le Romain et autres habiles maîtres, avec les explications des trente et une planches de cette magnifique collection, tirées de l'original de Mig. Cervantès. *La Haye*, *Paris*, 1774, 2 vol. in-8, v. fil. (*Armoiries.*)

591. Aventures de Robinson Crusoé, par Daniel de Foe, trad. par Mad. Amable Tastu. Notices par Philarète Chasles et F. Denis. *Paris*, 1845, in-12, d.-rel. v.

592. Voyages de Gulliver, trad. de l'anglais de J. Swift. *Paris, Didot l'aîné*, 1797, 4 part. en 2 vol. et 4 tomes in-18. Grand pap. vél. fig. avant la lettre et eaux-fortes, cart. non r.

Exemplaire de Renouard.

593. Vie et opinions de Tristram Shandy, par Sterne, trad. par Léon de Wailly. *Paris, Charpentier*, 1842, in-12, d.-rel. v.

594. Tom Jones, ou Histoire d'un enfant trouvé, trad. de Fielding par Chéron. *Paris, Giguet et Michaud*, 1804, 6 vol. in-12, v. b. fil.

595. Œuvres de Walter Scott, trad. par Defauconpret. *Paris, Gosselin*, 1835, 30 vol. in-8, d.-rel. v. fig.

596. Le Cymbalum mundi et autres œuvres de Bonaventure Desperriers, édition de Paul L. Jacob. *Paris, Gosselin*, 1841, 1 vol. in-12, dem.-rel. v.

597. Les Contes ou les nouvelles récréations et joyeux devis de Bonaventure Desperriers, etc., avec une notice littéraire, par Charles Nodier. *Paris*, 1843, in-12, d.-rel. v.

598. Lettres sur les contes de fées attribués à Perrault et sur l'origine de la féerie (par le baron de Walkenaer). *Paris, Didot*, 1826, in-12, dem. mar.

599. Œuvres choisies de Ch. Perrault, avec les mémoires de l'auteur et des recherches sur les contes des fées, par Collin de Plancy. *Paris*, 1826, in-8, d.-rel. v.

Le portrait manque.

600. Contes moraux et nouvelles idylles de D... (Diderot) et Salomon Gessner. *Zuric*, 1773, in-4,

fig. d.-rel., dos et coins de mar. r. tr. sup. dor. non rog.

601. Les Contes en vers et en prose de feu l'abbé de Colibri, ou le Soupé, conte composé de mille et un contes (par Cailhava). *Paris, Didot, an VI*, 2 vol. in-18, réunis en un, d.-rel. v.

602. Le Petit Neveu de Bocace, ou contes nouveaux en vers par Pl. D. (Plancher de Valcour). *Amsterdam*, 1787, 3 vol. in-8, rel. en un, d.-rel.

603. Les Vendanges gaillardes, recueil de contes en vers : chansons, épigrammes, etc. *Paris, an XII*, in-8, cart. non rog.

604. Contes historiques, par Musset-Pathay. *Paris, Desoer*, 1826, in-8, d.-rel. v.

605. Les Contes drolatiques... par Balzac; éd. illustrée par Gustave Doré. *Paris*, 1855, in-8, dos et coins de mar. vert.

606. Les Contes rémois, par le comte Louis de Chevigné, dessins de Meissonier. *Paris, Lévy*, 1861, in-8, d.-rel. dos et c. de mar. tr. sup. dor. non rog.

607. Contes et Fables indiennes, de Bidpay et de Lokman, trad. par Galland et Cardonne. *Paris*, 1778, 3 vol. in-12, d.-rel. v.

608. Les Mille et une Nuits, trad. de Galland. *Paris, Furne*, 1837, 3 vol. in-8, d.-rel. v. fig.

609. Les Mille et un Jours, contes persans, trad. par Petis de la Croix. *Paris*, 1826, 3 vol. in-8, fig. d.-rel. v. non rog.

610. Contes chinois, trad. par MM. Davis, Thoms, le P. d'Entrecolles, et publiés par Abel Rémusat. *Paris*, 1827, 3 vol. in-18, d.-rel. v.

## VI. PHILOLOGIE. — FACÉTIES. — SATIRES.

### DISSERTATIONS SINGULIÈRES. — ANAS. — PROVERBES.

611. Banquet des savans, par Athénée, trad. par Lefebvre de Villebrune. *Paris, imprim. de Monsieur*, 1789, 5 vol. in-4, d.-rel. n. rog.

612. Les Nuits attiques d'Aulu-Gelle, trad. par V. Verger. *Paris*, 1820, 3 vol. in-8, d.-rel. v.

613. Récréations historiques, critiques, morales et d'érudition, avec l'histoire des fous en titre d'office, par M. D. D. A., auteur des Anecdotes des rois, reines et régentes de France (Dreux du Radier). *Paris*, *Robustel*, 1767, 2 vol. in-12, v. éc.

614. Lettres de quelques juifs à M. de Voltaire, par l'abbé Guénée. 8e édit. *Versailles*, *Lebel*, 1817, gr. in-8, pap. vél. d.-rel. v. (*Capé.*)

615. Les Cinq Années littéraires, ou Lettres de M. Clément (de Genève) sur les ouvrages de littérature qui ont paru dans les années 1748 à 1752. *Berlin,* 1755, 2 vol. rel. en un, in-12, v.

616. Mélanges de critique et de philologie, par Chardon de la Rochette. *Paris*, 1812, 3 vol. in-8, d.-rel. v.

617. Etudes littéraires, par Ch. Labitte. *Paris*, *Joubert, sans date*, 2 vol. in-8, d.-rel. v. (*Capé.*)

618. Mélanges de littérature et de critique, par Ch. Nodier. *Paris*, *Raynouard*, 1820, 2 vol. in-8, d.-rel, v.

619. Jugements historiques et littéraires sur quelques écrivains et quelques écrits du temps, par de Féletz. *Paris,* 1840, in-8, d.-rel. v. n. rog.

620. Bibliothèque facétieuse, historique et singulière, ou réimpression de pièces curieuses, rares ou peu

connues des $xv^e$, $xvi^e$ et $xvii^e$ siècles. *Paris, Claudin,* 1858, in-18, br.

Ce vol. contient : Regrets funèbres sur la mort du joy. Rondibilis, sur l'enlèvement des reliques de saint Fiacre, etc. — La Défense du pet. — Le Nez pourry de Renaudot.

621. Les OEuvres de Rabelais, avec des remarques historiques et critiques (de le Duchat et la Monnoye). *Amst.*, *Bordesius*, 1711, 6 vol. pet. in-8, veau.

Une piqure dans la marge du bas, au deuxième volume.

622. OEuvres de Rabelais (publ. par M. de l'Aulnaye). *Paris*, *Desoer*, 1820, 3 vol. in-18, fig. mar. compart.

623. OEuvres de Rabelais. *Paris*, *L. Janet*, 1823, 3 vol. in-8, cart. (*Bradel.*)

624. OEuvres de Fr. Rabelais; édit. du bibliophile Jacob. *Paris*, 1840, in-12, d.-rel. v.

625. Le Moyen de parvenir. *Chinon*, *Fr. Rabelais*, etc. *S. d.*, 2 vol. in-12, v. b.

626. Le Moyen de parvenir, œuvre contenant la raison de ce qui a été, est et sera, etc., par Béroalde de Verville; publié par le bibliophile Jacob (P. Lacroix). *Paris,* 1841, in-12, d.-rel. v.

627. Joannis Meursii Elegantiæ latini sermonis, seu Aloisia Sigæa Toletana, de arcanis Amoris et Veneris, etc. *Birminghamiæ*, 1770, 2 vol. in-18, v. m. fil. tr. d. front. gr.

628. Erotika Biblion, par Mirabeau. *Paris*, 1801, in-18, d.-rel. v. portr.

629. Eloge de la Folie, trad. du latin d'Erasme, précédé de l'histoire d'Erasme et de ses écrits, par M. Nisard. *Paris*, *Gosselin*, 1843, 1 vol. in-12, d.-rel. v.

630. Democritus ridens, sive corpus recreationum honestarum, cum exorcismo melancholiæ. *Amst.*, 1655, pet. in-12, mar. violet. (*Thouvenin.*)

631. L'Art de désopiler la rate, sive de modo c.... prudenter, en prenant chaque feuillet pour se t..... le d..... (par Panckoucke). Nouvelle édition augmentée. 1773, 2 vol. in-12, dos et coins de mar. r.

632. La Chézonomie, ou l'Art de ch..., poëme didactique en quatre chants, par Ch. R*** (Rémard). *Paris, Merlin*, 1806, in-12, dos et coins de mar. fil. tr. sup. dor. non rog.

On a ajouté la gravure de Langlois : *Vanitas vanitatum.*

633. Pensées facétieuses et bons mots de Bruscambille, comédien original. *Cologne, Ch. Savoret*, 1709, pet. in-12, mar. r. jans. (*Capé.*)

634. L'Éloge de l'ivresse (par de Sallengre). *La Haye, Moetjens*, 1715, in-12, v. m. fig.

635. Éloge de l'Ivresse (par de Sallengre) ; nouvelle édition, augmentée (par Miger). *A Bacchupolis, de l'imprimerie du vieux Silène, l'an de la vigne* 5555, *et à Paris, an VI*, in-12, d.-rel. v. fig. non r.

636. Eloge de l'Ane, trad. libre du latin de D. Heinsius, par L. Coupé. *Paris*, 1796, p. in-18, d.-rel. v.

637. L'Eloge de Rien, dédié à Personne, avec une postface (par Coquelet). *Paris*, 1730, in-12, d.-rel. v.

Dans le même volume : l'Éloge de Quelque chose, dédié à Quelqu'un, avec une préface chantante. — Plus, le poëme latin de Passerat.

638. Eloges du Pou, de la Boue et de la Paille, par Mercier de Compiègne. *Paris, an VII*, in-18, cart.

639. Le Chef-d'OEuvre d'un inconnu, poëme, par le Dr Mathanasius (Saint-Hyacinthe), 9e édition, par Leschevin. *Paris*, 1807, 2 vol. in-12, v. fil.

640. Deux Mots pour les avocats porteurs de barbes ou moustaches, contre les tribunaux qui seraient

tentés de les raser (par Meynier, avocat à Marseille). *Marseille*, 1844, in-18, broch. 70 pages.

641. Monacologie, illustrée de figures sur bois. *Paris, Paulin,* 1844, in-8, d.-rel. mar. non rog.

642. Le Moine sécularisé. *Cologne*, *du Marteau*, 1675, pet. in-12, v. fil. tr. dor. fig.

643. La Guerre séraphique, ou Histoire des périls qu'a courus la barbe des Capucins par les violentes attaques des Cordeliers. *La Haye*, 1740, 1 vol. in-12, v. b.

644. D'une Pugnition divinement envoyée aux hommes et aux femmes, pour leurs paillardises et incontinences désordonnées (en 1493), avec des notes... par Stephen Baliger, D. M. (Gabriel Peignot). *Paris, Techener*, 1836, in-8, cart.

645. Discours sur la nudité des mamelles des femmes, par un Révérend P. capucin, publié par Ch. D. (Dickens). *Gand,* 1857, in-12, br.

646. De l'Abus des nudités de gorge, attribué à l'abbé J. Boileau. *Paris, Delahays*, 1858, in-12, br.

647. Recherches historiques sur l'usage des cheveux postiches et des perruques... trad. de l'allemand de M. Nicolaï (par Jansen). *Paris, Léopold Collin*, 1808, in-8, d.-rel. v. non rog.

648. Histoire des perruques, par J.-B. Thiers. *Paris*, 1690, in-12, v. m.

649. Histoire des perruques, par J.-B. Thiers. *Avignon*, 1777, in-12, d.-rel. v, n. rog.

650. Un vol. in-8, d.-rel. v.

[1] Contenant: l'Art d'obtenir des places, ou conseils aux solliciteurs (par Imbert). *Paris*, 1816. — L'Art du ministre, par une Excellence. Première partie. Le Ministre qui s'en va (par le même). *Paris*, 1821. — L'Art de faire des dettes et de promener ses créanciers, par un homme comme il faut. (Première partie.) L'Art de faire des dettes (par le même). *Paris*. 1822. — L'Art de promener ses créanciers, ou complément de l'Art de faire des dettes, par un homme comme il faut (par le même). *Paris*, 1824.

651. 1 vol. in-12, v.

Contenant : Théorie du paradoxe (par l'abbé Morellet). *Amsterdam*, 1775. —Théorie du libelle, ou l'Art de calomnier avec fruit, pour servir de supplément à la Théorie du paradoxe (par Linguet). *Amsterdam*, 1775. — Réponse sérieuse à M. L*** (Linguet), par l'auteur de la Théorie du paradoxe (Morellet). *Amsterdam*, 1775.

652. Des Bons Mots et des bons contes, de leur usage; de la raillerie des anciens, de la raillerie et des railleurs de notre temps (par de Callières). *Paris*, *Barbin*, 1692, in-12, dos et c. de mar. vert. (*Allo.*)

653. Réflexions sur les grands hommes qui sont morts en plaisantant (par Deslandes). *Amst.*, *Wetstein*, 1732, in-12, v.

654. Voyage de Paris à Saint-Cloud par mer, et retour de Saint-Cloud à Paris par terre, par Néel. *Paris, an X*, 1 vol. in-12, d.-rel. v.

655. Voyage de Paris à Saint-Cloud par mer, et retour de Saint-Cloud à Paris par terre. *Paris*, 1783, in-12, v.

La seconde partie est de 1777.

656. La Voix du Parterre, fragments extraits d'un journal sans titre et sans abonnés. Par MM. A. B. C. D. (Gentil et Chapais.) *Rouen, Herment*, 1804, in-8, d.-rel.

5 pamphlets très-rares.

657. Infernaliana. Publié par Ch. N*** (Nodier.) *Paris*, 1822, in-12, br. fig.

658. Biévriana, ou Jeux de mots de M. de Bièvre; nouv. éd. par A. D. (Albéric Deville.) *Paris*, *Maradan*, *an VIII*, in-18, d.-rel. v. pap. vél.

659. Prédicatoriana, ou Révélations singulières et amusantes sur les prédicateurs, par G. P. Philomneste (G. Peignot). *Dijon*, 1841, in-8, d.-rel. mar.

660. Les Illustres Proverbes historiques, etc. *Paris*, *David*, 1660, in-12 d.-rel. v. non rog.

Exempl. de Chardon de la Rochette.

661. Les Illustres Proverbes nouveaux et historiques, expliqués par diverses questions curieuses. Nouvelle édition augmentée. *Paris*, *Pepingué*, 1665, 2 vol. rel. en un, in-12, mar. tr. dor.

662. Dictionnaire des Proverbes français, par La Mésangère. *Paris*, 1823, in-8, d.-rel. v.

663. Dictionnaire des Proverbes et des locutions proverbiales, par P.-M. Quitard. *Paris*, 1842, in-8, d.-rel. v.

664. Études sur les Proverbes français et le langage proverbial, par Quitard. *Paris*, *Techener*, 1860, in-8, d.-rel. v.

665. Proverbes sur les femmes, l'amitié, l'amour et le mariage, par Quitard. *Paris*, 1861, in-12, d.-rel. v.

## VII. DIALOGUES. — ÉPISTOLAIRES.

666. Essai sur l'Esprit de conversation, et sur quelques moyens de l'acquérir; par M. P. H. D. Y. (Durzy). 2e édition. *Paris*, 1821, un vol. in-8, d.-rel. v. n. r.

667. Les Propos de table de Martin Luther, édition de G. Brunet. *Paris*, 1844, 1 vol. in-12, d.-rel. v.

668. Sermonum convivalium libri X, etc., autore D. Georgio Pictorio Villingano, medico. *Basileæ*, *Henric. Petrus*, 1559, pet. in-8, mar. vert, fil. tr. dor.
Ce doit être l'édition de Bâle, 1571, car le poëme de Sérénus s'y trouve.

669. Cinq Dialogues faits à l'imitation des anciens, par Oratius Tubero (Lamothe Le Vayer). *Mons*, *de La Flèche*, 1671, pet. in-12, v. fil. tr. dor.

670. La Manière de bien penser dans les ouvrages d'esprit, dialogues (par le P. Bouhours). *Paris*, *S. Cramoisy*, 1688, in-12, v. avec la signature de Grosley.

671. Les Entretiens d'Ariste et d'Eugène (Bouhours). Nouv. éd. où les mots des devises sont expliqués. *Paris, veuve Delaulne*, 1737, 1 vol. in-12, v.

672. Le Neveu de Rameau, dialogue. Ouvrage posthume et inédit, par Diderot. *Paris, Delaunay*, 1821, in-8, br.

673. Entretiens de village, par M. de Cormenin. *Paris*, 1847, in-12, d.-rel. v.

674. Lettres galantes d'Aristénète, trad. du grec par Alain-René Le Sage. *Lille, Le Houcq* (1794), in-18, d.-rel. v.

675. C. Plinii Secundi Epistolæ et Panegyricus Trajano dictus. *Parisiis, Barbou*, 1769, in-12, v. fil. tr. dor.

676. Lettres de Pline le Jeune, trad. par de Sacy. *Paris, Panckoucke*, 1826, 2 vol. in-8, d.-rel. v.

677. Lettres d'Abélard et d'Héloïse, éd. du bibliophile Jacob. *Paris*, 1840; in-12, d.-rel. v.

678. Lettres et autres œuvres de Voiture. *Amsterdam*, 1697, 2 vol. in-12, v.

679. Lettres de Malherbe, ornées de fac-simile de son écriture, dédiées à la ville de Caen, avec une vue de cette ville. *Paris, Didot*, 1822, in-8, dos et coins de mar. tr. sup. dor. n. rog.

680. Lettres de M^me^ de Sévigné, avec les notes de tous les commentateurs. *Paris, Lefèvre*, 1843, 6 vol. in-8, d.-rel. v.

681. Lettres de Gui-Patin, édition donnée par Réveillé-Parise. *Paris*, 1846, 3 vol. in-8, d.-rel. v. portr.

682. Correspondance entre Boileau-Despréaux et Brossette, publiée par Laverdet. *Paris, Techener*, 1858, in-8, br.

683. Lettres de M^lle^ Aïssé. 5^e^ éd., ann. par Ravenel. *Paris*, 1846, in-12, d.-rel. v. (*Capé.*)

684. Recueil de lettres de M^lle Delaunai (M^me de Staal), au chevalier de Ménil, au marquis de Silly et à M. d'Héricourt. *Paris*, *Bernard*, *an IX*, 2 vol. in-12, d.-rel. v.

685. Lettres de la marquise du Deffand à Horace Walpole, etc. *Paris*, *Ponthieu*, 1824, 4 vol. in-8, d.-rel. v. non rogn.

686. Correspondance inédite de M^me du Deffand. *Paris*, *Collin*, 1809, 2 vol. in-8, v. fil. (*Simier.*)

687. Lettres de M^lle de Lespinasse. *Paris*, 1809, 2 vol. in-8, d.-rel.

688. Nouvelles Lettres de Mademoiselle de Lespinasse. *Paris*, 1820, in-8, d.-rel. v.

689. Lettres et Pensées du maréchal prince de Ligne, publiées par M^me de Staël. *Paris*, *Paschoud*, 1809, in-8, d.-rel. veau à nerfs, avec portrait.

690. Lettres inédites de M^lle Philippon (M^me Roland) aux demoiselles Cannet. *Paris*, 1841, 2 vol. in-8, d.-rel. v. (*Capé.*)

691. Lettres autographes de M^me Roland, adressées à Bancal des Issarts. *Paris*, 1835, in-8, d.-rel. v. (*Capé.*)

692. Lettres de Saint-James (par de Châteauvieux). *Genève*, 1820, 2 vol. in-8, d.-rel. v.

693. Lettres familières et philosophiques, écrites par Gruyer. *Bruxelles*, 1851, in-8, d.-rel. v.

694. Lettres portugaises, avec les imitations en vers, par Dorat. *Paris*, *Delance*, 1806, in-12, gr. papier vélin, v.

695. Lettres d'une Chanoinesse de Lisbonne à Melcour, officier français (imitation des Lettres portugaises, par Dorat). *La Haye*, 1770, in-8, v. m. fig.

696. Lettres de Milady Montague, trad. de l'anglais par Anson. *Paris*, 1805, 2 vol. in-12, papier vélin, cart.

697. Lettres de lord Chesterfield à son fils Philippe Stanhope, trad. par A. Rénée. *Paris,* 1842, 2 vol. in-12, d.-rel. v.

698. Recueil des lettres de la famille de Salomon Gessner. *Paris*, *Levrault,* 1801, 2 vol. en un, in-12, d.-rel. v. (*Capé.*)

## VIII. POLYGRAPHES.

699. OEuvres de Lucien, trad. par Belin de Ballu. *Paris*, *Bastien*, 1788, 6 vol. in-8, d.-rel. avec errata et carton.

700. OEuvres complètes de Cicéron, trad. en français, avec le texte en regard, édit. publiée par J-.V. Le Clerc. *Paris*, *Lefèvre,* 1821-25, 30 vol. in-8, d.-rel. v. — Supplément : Plaidoyer pour Servius Sulpicius contre Muréna, trad. par Péricaud. *Paris*, *Lefèvre,* 1826, in-8, br. — Cicéroniana, ou Recueil des bons mots, etc. (par Péricaud et Breghot du Lut). *Lyon*, *Ballanche,* 1812, in-8, d.-rel. v. (*Tiré à* 100 *ex.*)

701. OEuvres choisies d'Etienne Pasquier, accompagnées de notes, etc., par Léon Feugère. *Paris,* 1849, 2 vol. in-12, demi-rel. v.

702. OEuvres comiques, galantes et littéraires, par Cyrano de Bergerac; éd. Jacob. *Paris,* 1858, gr. in-12, br.

703. OEuvres de Scarron, nouvelle édition, revue, corrigée et augmentée de l'histoire de sa vie et de ses ouvrages. *Amsterdam*, *J. Wetstein,* 1752, 7 vol. pet. in-12, fig. dem.-m. n. rog. (*Closs.*)

704. OEuvres complètes de La Fontaine, précédées de l'éloge de l'auteur, par Chamfort. *Paris*, *Igonette*, 1826, gr. in-8, dos et coins de mar. fil. Nombreuses figures, pap. vél. n. rog. tr. sup. dor.

705. Nouvelles OEuvres diverses de J. de La Fontaine, et poésies de F. de Maucroix, publ. par Walckenaer. *Paris*, *Nepveu*, 1820, in-8, front. gr. d.-rel. v. n. non rog.

706. OEuvres de La Fontaine, édition Walckenaer. *Paris*, *Lefèvre*, 1822, 6 vol. in-8, impr. sur papier jonquille, fig. avant la lettre et eaux-fortes, ex. Renouard, d.-rel. toile.

707. Histoire de la vie et des ouvrages de J. de La Fontaine, par C.-A. Walckenaer. *Paris*, *Nepveu*, 1824, in-8, br. portr.

708. OEuvres de Fontenelle. *Paris*, *Belin*, 1818, 3 vol. in-8, d.-rel. v. (*Capé*.)

709. OEuvres diverses de Pellisson. *Paris*, *Didot*, 1735, 3 vol. in-12, v. m.

710. OEuvres de Houdard de la Motte. *Paris*, *Prault l'aîné*, 1754, 11 vol. in-12, veau à nerfs.

711. OEuvres de Marmontel. *Paris*, *Belin*, 1819-20, 7 vol. in-8, d.-rel. v. (*Capé*.)

712. OEuvres complètes d'Alexis Piron, publiées par Rigoley de Juvigny. *Paris*, 1776, 7 vol. in-8, v.

713. OEuvres diverses de Sénecé. *Paris*, 1806, 1 vol. in-12, v.

714. OEuvres complètes de M^me^ Cottin. *Paris*, *Ladrange*, 1823, 9 vol. in-18, d.-rel. v. n. rog. portr.

715. OEuvres complètes de M^me^ la marquise de Lambert. *Paris*, *Collin*, 1808, in-8, d.-rel. v.

716. De l'Esprit des lois, et autres œuvres de Montesquieu. *Stér. Didot*, *an XII*, 10 vol. in-18, gr. pap. vél., dos et c. mar. tr. sup. dor. n. rog.

717. OEuvres complètes de Montesquieu, précédées de la vie de cet auteur. *Paris*, *Crapelet*, 1816, 6 vol. in-8, d.-rel. v. portr.

718. OEuvres choisies de Barthe, Desmahis, La Grange-Chancel, Brueys et Palaprat, *Stéréotype*

*Didot*, 6 vol. in-18, grand pap. vél. v. fil. (*Capé.*)

719. OEuvres complètes de Diderot. *Paris*, *Belin*, 1818-19, 6 vol. in-8, d.-rel. v. (*Capé.*). Supplément, *ib.* 1819, rel. unif.

720. OEuvres inédites de Diderot. *Paris*, *Brière*, 1821, in-8, d.-rel. v. (*Capé.*)

721. OEuvres choisies de Diderot, précédées de sa vie par Génin. *Paris*, *Didot*, 1847, 2 vol. in-12, d.-rel. v. (*Capé.*)

722. Mémoires, correspondance et ouvrages inédits de Diderot, de 1759 à 1780, publiés d'après les manuscrits confiés, en mourant, par l'auteur à Grimm. *Paris*, 1830, 4 vol. in-8, d.-rel. v.

723. OEuvres de J.-J. Rousseau. *Paris*, *Belin*, 1817, 8 vol. in-8, d.-rel. v.

724. OEuvres inédites de J.-J. Rousseau, par Musset-Pathay. *Paris*, *Dupont*, 1825, 2 vol. in-8, d.-rel. v. (*Capé.*)

725. OEuvres de d'Alembert. *Paris*, *Belin*, 1821-22, 5 vol. in-8, d.-rel. v. (*Capé.*)

726. OEuvres de Voltaire. *Stéréotype Didot*, *an VIII* à 1809, 53 vol. in-18, gr. pap. vél. dos et coins de mar. r. tr. sup. dor. non rog.

Savoir : Epîtres, 1 vol. — Henriade, 1 vol. — Poëmes et discours, 1 vol. — Contes et satires. 1 vol. — Histoire de Charles XII, 1 vol. — Siècle de Louis XIV et de Louis XV, 5 vol. — Théâtre, 12 vol. — Commentaire sur le théâtre de Corneille, 4 vol. — Histoire de Russie, 2 vol. — Romans, 3 vol. — Dictionnaire philosophique, 14 vol. — Essai sur les mœurs, 8 vol.

La Pucelle, même collection. in-18, v. fil. tr. dor. — En tout 54 vol.

727. OEuvres complètes de Voltaire. *Paris*, *Desoer*, 1817, 25 vol. in-8, d.-rel. v. (*Capé.*)

728. OEuvres complètes de Duclos. *Paris*, *Belin*, 1820, 3 vol. in-8, d.-rel. v. (*Capé.*)

729. OEuvres complètes de Chamfort, publiées par Auguis. *Paris*, 1824-25, 5 vol. in-8, d.-rel. v. (*Capé.*)

730. OEuvres complètes de Marivaux. Nouvelle édition, avec une notice historique sur la vie et le caractère du talent de l'auteur, des jugements littéraires et des notes, par M. Duviquet. *Paris*, 1825-1830, 10 vol. in-8, d.-rel. n. r.

731. OEuvres de Moncrif. *Paris*, 1768, 4 vol. in-12, v. fig.

732. OEuvres complètes d'Helvétius. *Paris, Didot*, 1795, 14 vol. in-18, pap. vél. cart. (*Bradel.*)

733. OEuvres de J.-J. Barthélemy. *Paris*, *Belin*, 1821, 4 vol. in-8, d.-rel. mar. avec atlas in-4.

734. OEuvres complètes de Beaumarchais (publiées par Gudin). *Paris*, 1809, 7 vol. in-8, pap. vél. fig. v. porph. fil. tr. dor.

735. OEuvres de Rulhière. *Paris*, 1819, 6 vol in-8, bas.

736. OEuvres complètes de Thomas. *Paris*, *Belin*, 1819, 2 vol. in-8, d.-rel. v. (*Capé.*)

737. OEuvres complètes de Boufflers. *Paris*, 1827, 2 vol. in-8, d.-rel. v.

738. OEuvres de Servan; édition de X. de Portets. *Paris*, 1822, 5 v. in-8, d.-rel. v.

739. OEuvres complètes de M$^{me}$ Riccoboni. *Paris*, *Volland*, 1786, 8 vol. in-8, v. m.

740. OEuvres inédites de Florian, rec. par Pixerécourt. *Paris*, 1824, 4 vol. in-12, br.

741. OEuvres complètes de Florian. *Paris*, 1829, 16 vol. in-12, d.-rel. v. fig. (*Capé.*)

742. OEuvres complètes de Bernardin de Saint-Pierre; éd. d'Aimé-Martin. *Paris*, 1818, 12 vol. in-8. — Correspondance de B. de Saint-Pierre, 3 vol. in-8, 1826. — Mémoires sur la vie et les ouvrages de B. de Saint-Pierre, par Aimé-Martin. *Paris*, 1826, in-8. Ensemble, 16 vol. d.-rel. v. (*Capé.*)

743. OEuvres complètes de J. Delille, nouv. édit. *Paris*, *Michaud*, 1824, 16 vol. in-8, pap. vél. fig. cartonné.

744. OEuvres choisies du cardinal J. Sifrein-Maury. *Paris*, *Aucher-Eloy*, 5 vol. in-8, pap. vél. d.-rel. dos et coins de mar. bl. tr. sup. dor. n. rog. portr.

745. OEuvres de A.-V. Arnault. *Paris*, 1824, 7 vol. in-8, d.-rel. v.

746. OEuvres de M. de Fontanes. *Paris*, 1839, 2 vol. in-8, d.-rel. v.

747. OEuvres complètes de M^me^ de Souza. *Paris*, 1821, 6 vol. in-8, br.

748. OEuvres de M. le comte Xavier de Maistre. *Paris*, 1825, 3 vol. in-18, d.-rel. v. pap. vél. non rog.

749. OEuvres complètes de Legouvé. *Paris, Janet*, 1826, 3 vol. in-8, pap. vél. d.-rel. v.

750. OEuvres complètes de la princesse Constance de Salm. *Paris, Didot*, 1842, 4 vol. in-8 rel. en 2, d.-rel. portr. non rog.

751. OEuvres choisies de Marsollier. *Paris*, *Aubrée*, 1825, 3 vol. in-8, v. f. d.-rel. (*Capé.*)

752. OEuvres de Joseph Droz. *Paris*, *Renouard*, 1826, 2 vol. in-8, d.-rel. v. portr. (*Capé.*)

753. OEuvres de F.-B. Hoffman. *Paris*, *Lefebvre*, 1829, 10 vol. in-8, d.-rel. mar. avec portrait. (*Capé.*)

754. OEuvres de Lemontey. *Paris*, *Mesnier*, 1829-32, 7 vol. in-8, d.-rel. v. (*Capé.*)

755. OEuvres complètes de Paul-Louis Courier. *Paris*, *Sautelet*, 1829, 4 vol. in-8, d.-rel. v. f. (*Capé.*)

756. Pamphlets de Courier; édition originale. 19 pièces en un vol. in-8, d.-rel. mar.

757. OEuvres de Philarète Chasles. *Paris*, *Amyot*, 1846, 7 vol. in-12, d.-rel. v. (*Capé.*)

758. OEuvres de Salomon Gessner. *Paris, Renouard*, *an VII* (1799), 4 vol. in-8, p. vél. d.-rel. v. fig.

## IX. COLLECTIONS ET MÉLANGES.

759. COLLECTION DES AUTEURS FRANÇAIS. *Stéréotype Didot*, 1800-1813, 65 vol. in-12, d.-rel. dos et coins de mar. r. tr. sup. dor. n. rognés.

Grand papier vélin.

760. Collection de petits classiques françois, publiée par Charles Nodier. *Paris*, *Delangle*, 1825, 9 vol. in-16, dos et coins de mar. tr. sup. dor. n. rog.

1er vol. Conjuration de Fiesque. — 2e vol. Madrigaux de la Sablière. — 3e vol. Voyage de Chapelle. — 4e vol. Poésies d'Aceilly. — 5e vol. Campagne de Rocroi. — 6e vol. Guirlande de Julie. — 7e vol. OEuvres de Sarrasin. — 8e vol. OEuvres de Sénecé. — 9e vol. Poésies de Mme Désormery.

761. Bibliothèque Elzévirienne, publiée par Jannet. *Paris*, 1857-58, 13 vol. in-16, cart. n. rognés.

OEuvres de Tabarin. — Gaultier Garguille. — Quinze Joies du mariage. — Évangiles des Quenouilles. — Caquets de l'accouchée. — La Bruyère. — Dictionnaire des précieuses. — Straparole, etc.

762. Bibliothèque de poche, par une Société de gens de lettres et d'érudits. *Paris*, *Paulin*, 10 vol. in-18, d.-rel. v. non rog.

Contenant : Curiosités littéraires, — bibliographiques, — biographiques, historiques, — des origines et des inventions, — des beaux-arts et de l'archéologie, — militaires, — philologiques, — des traditions, mœurs, usages, etc., — anecdotiques.

763. Mythologie dramatique, trad. du grec de Lucien par Gail. 3 vol. pap. vél. fig. — Hymnes de Callimaque, trad. par Laporte du Theil. 2 vol., pap. vél. fig. — Idylles de Bion et de Moschus, trad. par Gail. 1 vol. pap. vél. fig. — Républiques de Sparte et d'Athènes, trad. de Xénophon par Gail. 1 vol. pap. vél. — En tout 7 vol. in-18, v. fil. tr. dor.

764. Morceaux choisis des meilleurs prosateurs français du second ordre, aux XVI$^{e}$, XVII$^{e}$ et XVIII$^{e}$ siècles; par Théry. *Paris, Dezobry*, 1851, 2 vol. in-12, d.-rel. v.

765. Recueil de pièces choisies, tant en prose qu'en vers (publié par de la Monnoye). *La Haye, Van Lom (Paris)*, 1714, 2 vol. in-12, d.-rel. v. (*Allô.*)

766. Recueil A, B, C, D, etc. (publié par Perau, de Querlon, Mercier-Saint-Léger, de la Porte, Barbazan et Graville). *Fontenoi*, 1745-1762, 24 tomes en 12 vol. in-12, v. m.

767. Le Livre des quatre couleurs. *Aux 4 éléments, de l'imprimerie des 4 saisons*, 4444 (*Paris*, 1760), in-12, bas.

768. Les Soirées littéraires, ou Mélanges de traductions nouvelles, publ. par Coupé. *Paris, Honnert, an IV* (1795), 10 vol. in-8, d.-rel. veau.

769. Opuscules mêlés de littérature et de philosophie, par Rœderer. *Paris, vendémiaire an VIII*, in-8, d.-rel. v. (*Capé.*)

770. Opuscules (par Rœderer). *Paris, an XII*, in-8, d.-rel. v. (*Capé.*)

771. Mélanges de littérature et de philosophie du XVIII$^{e}$ siècle, par l'abbé Morellet. *Paris*, 1818, 4 vol. in-8, bas.

772. Opuscules (par Rœderer). *Paris, an X*, in-8, d.-rel. v. (*Capé.*)

773. Mélanges de littérature. 1 vol. in-8.

Contenant : Point de pitié pour la Pitié, p. Delille. *Paris*, 1803, 42 pages (par Dusauchoi). — Questions de littérature légale (par Ch. Nodier). *Paris, Barba*, 1812. — Discours qui a remporté le prix à Montauban, sur cette question : combien il importe de faire concourir la morale avec les lois, par L.-V. Revelière, *Paris*, 1806. — Mort d'Hector, traduction du 22$^{e}$ livre de l'Iliade, en vers françois, par P. Chanin. *Paris*, 1809. — Folliculi, ou les faiseurs de réputations, par J.-B. Bouvet. *Paris*, 1813 (incomplet). — Les infiniment petits, ou précis anecdotique des événements qui se sont passés au théâtre de l'Odéon les 22 et 29 novembre 1812, par André Murville, *Paris*, 1813. — Les étrennes, ou entretiens des morts sur les nouveautés littéraires, etc., par Francis Edmond (attribué à Fournier, médecin). *Paris*, 1813.

774. Mélanges de littérature, publiés par Suard. *Paris,* 1803, 5 vol. in-8, br.

775. Mélanges de philosophie, d'histoire et de littérature, par de Féletz. *Paris,* 1828, 6 vol. in-8, d.-rel. v. non rog.

776. Mélanges, par D. Nisard. *Paris,* 1838, 2 vol. in-8, d.-rel. v.

777. Mélanges de littérature ancienne et moderne, par Patin. *Paris, Hachette,* 1840, in-8, d.-rel. v.

778. Essais de littérature et de morale, par Saint-Marc Girardin. *Paris, Charpentier,* 1845, 2 vol. in-12, d.-rel. v.

779. Miettes littéraires, biographiques et morales livrées au public, avec des explications, par F. Grille. *Paris,* 1853, 3 vol. in-12, br.

780. François Grille. Pêle-mêle philosophique et littéraire, publié à divers temps, sous divers noms, chez différents libraires, et relié en trois volumes au nombre seulement de 10 exemplaires; in-8, br.

781. François Grille. Divers opuscules, en prose et en vers. 1 vol. in-8, br.

On a joint une lettre autographe de F. Grille.

— Athalie, tragédie lyrique en trois actes, par Fr. Grille. *Paris,* 1848, in-8, br. — Le Ver rongeur, comédie en trois journées, en cinq actes et en vers; par Malvoisine (Fr. Grille). *Angers,* 1839, in-8, br. — Épîtres à MM. Jomard, Conté, Hédouin, Guillemeau, suivies d'un conte et d'une fabliette, par Fr. Grille. *Paris, Ledoyen,* 1853, in-8, br., 23 pages. — Épîtres en vers, accompagnées d'autres pièces de poésie courtes et variées. 1 vol. in-8, br. — Ensemble 5 parties in-8, br.

782. Fragments littéraires de lady Jeanne Grey, reine d'Angleterre, trad. par Edouard Frère. *Rouen, Edouard Frère,* 1832, gr. in-8, d.-rel. dos et c. de mar. r. tr. sup. dor. non rog. portr.

783. Mélanges posthumes d'histoire et de littérature orientales, par Abel Rémusat. *Paris, Impr. roy.*, 1843, in-8, br.

---

# HISTOIRE.

## I. GÉOGRAPHIE. — VOYAGES.

784. Dictionnaire interprète-manuel des noms latins de la géographie ancienne et moderne (par Chaudon). *Paris,* 1777, in-8, d.-rel. v. n. rog. (*Capé.*)

785. Pomponius Mela, traduit en français sur l'édition d'Abraham Gronovius, par C.-P. Fradin. *Paris, Pougens, an XII* (1804), 3 vol. in-8, cart. Bradel.

786. Atlas universel historique et géographique, par Houzé. *Paris,* 1848, cart.

787. Collection de relations de voyages. Voyages de Stanislas, de Mesdames, de Louis XVI, de Louis XVIII, de Napoléon. *Paris,* 1823, in-8, d.-rel. v.

788. Relations historiques et curieuses de voyages, par Ch. Patin. *Amsterdam,* 1695, in-12, v. fig.

789. Voyage de Chapelle et de Bachaumont. *Paris, Constant Letellier,* 1826, in-8, d.-rel. veau à nerfs.

790. Voyages en France et autres pays, en prose et en vers, par Racine, la Fontaine, etc. *Paris,* 1818, 5 vol. in-18, cart. à la Bradel, n. rog., *nombr. figures.*

**Exemplaire en papier vélin.**

791. Voyage sentimental en France, par Sterne. *Dijon, Frantin,* 1797, 2 tom. en 1 vol. in-12, tiré sur gr. pap. d.-rel. v.

792. Voyage dans le midi de la France, par Pigault-Lebrun et Victor Augier. *Paris, Barba,* 1827, in-8, d.-rel. v.

793. Souvenirs de France et d'Italie, daus les années 1830, 1831 et 1832, par le comte Joseph d'Estourmel. *Paris, Crapelet,* 1848, 1 vol. in-12, d.-rel. v.

794. Promenade de Dieppe aux montagnes d'Écosse, par Charles Nodier. *Paris,* 1821, 1 vol. in-12, br. fig.

795. Voyage à Barége et dans les Hautes-Pyrénées, fait en 1788, par J. Dusaulx. *Paris, Didot,* 1796, 2 vol. in-8, pap. vél. v. fil.

796. L'Italie il y a cent ans, par Charles de Brosses, publiée par R. Colomb. *Paris, Levavasseur,* 1836, 2 vol. in-8, d.-rel. v. portr. (*Capé.*)

797. Lettres sur l'Italie, faisant suite aux Lettres sur la Morée, l'Hellespont et Constantinople, par Castellan. *Paris,* 1819, 3 vol. in-8, d.-rel. dos et coins de mar. fig.

798. Voyage en Italie et en Sicile, par Simond. *Paris,* 1838, 2 vol. in-8, d.-rel. v.

799. Voyage en Suisse, 1817-1819, par Simond. *Paris,* 1824, 2 vol. in-8, br.

800. Voyage en Angleterre, 1810-1811, par Simond. *Paris,* 1817, 2 vol. in-8, d.-rel. v. fig.

801. Voyage historique et littéraire en Angleterre et en Ecosse, par Amédée Pichot. *Paris,* 1825, 3 vol. in-8, d.-rel. v. fig.

802. Lettres sur la Grèce, l'Hellespont et Constantinople, faisant suite aux lettres sur la Morée, par Castellan. *Paris,* 1811, 2 vol. in-8, d.-rel. dos et coins de mar. fig.

803. Voyages du sieur Paul Lucas au Levant, en Grèce et en Turquie. 7 vol. in-12, v. br.

1er voyage. *Paris, Vandive*, 1704, 2 vol. — 2e voyage. *Paris, Simart*, 1712, 2 vol. — 3e voyage, *Rouen, Machuel*, 1719, 3 vol.

804. Voyages de Bernier, contenant la description des États du Grand Mogol. *Amsterdam*, 1710, 2 vol. in-12, v.

805. Voyages de Dellon, avec sa relation de l'inquisition de Goa. *Cologne*, 1711, 3 vol. in-12, v. b.

806. Itinéraire de Paris à Jérusalem et de Jérusalem à Paris, par le vicomte de Chateaubriand. *Paris, Lefèvre*, 1829, 2 vol. in-8, d.-rel. v.

807. Souvenirs de l'Orient, par le vicomte de Marcellus. *Paris*, 1839, 2 vol. in-8, d.-rel. v.

808. Voyages en Afrique, Asie, Indes orientales et occidentales, faits par Jean Mocquet, garde du cabinet des singularités du roy, aux Tuileries. Divisés en six livres et enrichis de figures. *Paris, J. de Hemqueville*, 1617, in-12, vél.

809. Journal d'un voyage à Temboctou et à Jenné, dans l'Afrique centrale, par René Caillié, avec carte et remarques par Jomard. *Paris, Imprim. roy.*, 1830, 3 vol. in-8, d.-rel. atlas.

810. Histoire de la vie et des voyages de Christophe Colomb (par M. Washington Irving, trad. par C. A. Defauconpret fils). *Paris, Charles Gosselin*, 1828, 4 vol. in-8, d.-rel. veau, nerfs.

## II. HISTOIRE UNIVERSELLE. — HISTOIRE ANCIENNE.

811. Atlas historique, généalogique, chronologique et géographique de A. Lesage (comte de Las Cases). *Paris, Leclère*, 1829, gr. in-fol. d.-rel. mar. pap. vél.

812. Histoire du commerce et de la navigation des anciens, par Huet. *Lyon*, 1763, in-8. v. m.

813. Histoire des Flibustiers, par OExmelin. *Lyon*, 1774, 4 vol. in-12, v. fil.

814. Tablettes chronologiques de l'histoire universelle sacrée et profane, par Lenglet du Fresnoy. Ed. revue par Barbeau de la Bruyère. *Paris*, 1778, 2 vol. in-12, v. m.

815. Selectæ e profanis scriptoribus Historiæ, trad. par Ract-Madoux, latin en regard. *Avignon*, 1826, 2 vol. in-12, d.-rel. v.

816. Histoire d'Hérodote, trad. par Miot. *Paris, Didot*, 1822, 3 vol. in-8. d.-rel. v.

817. Recherches et dissertations sur Hérodote, par le président Bouhier. *Dijon, P. de Saint*, 1746, in-4, d.-rel. v. non rog.

818. Histoire de Thucydide, trad. par Lévesque. *Paris*, 1840, in-12, d.-rel. v.

819. Bibliothèque historique de Diodore de Sicile. trad. par Ferd. Hœfer. *Paris, Charpentier*, 1846, 4 vol. in-12. d.-rel. v.

820. Traité historique sur les Amazones, par Pierre Petit. *Leyde, Langerak*, 1718, in-12, vélin.

821. Voyage du jeune Anacharsis en Grèce, par l'abbé Barthélemy. *Paris, Ledoux*, 1825, 7 vol. in-8, d.-rel. v. atlas.

822. Fêtes et courtisanes de la Grèce, supplément aux Voyages d'Anacharsis et d'Anténor (par Chaussard). *Paris*, 1821 ; 4 vol. in-8, cart. (*Bradel.*)

823. Mémoire sur les oracles des anciens, par M. Clavier. *Paris*, 1818, 1 vol. in-8, d.-rel.

824. Voyages de Pythagore en Égypte, dans la Chaldée, etc., par S. Maréchal. *Paris, Déterville, an VII*, 6 vol. in-8, fig. et carte, v. f. fil. tr. dor.

825. OEuvres complètes de Tacite, trad. par Ch. Louandre. *Paris*, 1845, 2 vol. in-12, d.-rel. v.

826. Polybe. Histoire générale, trad. par Bouchot. *Paris*, 1847, 3 vol. in-12. d.-rel. v.

827. Valère Maxime. Faits et paroles mémorables, trad. par Frémion. *Paris*, *Panckoucke*, 1827, 3 vol. en un, in-8, d.-rel. v. tr.

De la collection Panckoucke.

828. Cornelius Nepos, de vita excellentium imperatorum. *Parisiis*, *Barbou*, 1794, in-12, v. fil. tr. dor. (*Bozérian jeune.*)

829. OEuvres complètes de Rollin. Édition de Letronne. *Paris*, *Firmin Didot*, 1821-1825, 30 vol. in-8, atlas in-4, pap. vélin, d.-rel. cuir de Russie. (*Thouvenin.*)

830. Considérations sur les causes de la grandeur des Romains et de leur décadence, par Montesquieu. *Paris*, *Renouard*, 1795, 2 vol. in-8, br. portr. pap. vélin.

831. Considérations sur les causes de la grandeur des Romains, et de leur décadence, par Montesquieu. *Paris*, *Renouard* (*Dijon*, *Causse*), 1795, in-8, gr. pap. vélin, portr. (*Bradel.*)

832. Réflexions sur les divers génies du peuple romain, par Saint-Evremond. *Paris*, *Renouard*, 1795, in-8, gr. pap. vélin. portr. (*Bradel.*)

833. Réflexions sur les divers génies du peuple romain, par Saint-Evremond. *Paris*, *Renouard*, 1795, in-8, br. pap. vél.

834. Histoire des révolutions arrivées dans le gouvernement de la République romaine, par Vertot. *Paris*, *Aug. Renouard*, 1796, 4 vol. in-8, br. pap. vél.

835. Héliogabale, ou Esquisse morale de la dissolution moderne sous les empereurs (par Chaussard). *Paris*, 1802, in-8, br. fig.

836. Essai sur la politique et la législation des Romains, trad. de l'italien (par Jansen et Quétant). *Paris, an III*, in-12, d.-rel. v. (*Papier vélin.*)

837. Histoire de la Décadence et de la chute de l'empire romain, trad. de l'anglais d'Ed. Gibbon, par M. F. Guizot. *Paris, Maradan,* 1812, 13 vol. in-8, d.-rel. v. n. r.

838. L'Europe au moyen âge, trad. de l'anglais de H. Hallam, par Borghers et Dudouit. 2e éd. *Paris*, 1837, 4 vol. in-8, d.-rel. v. (*Capé.*)

## III. HISTOIRE DE FRANCE.

839. Introduction à la description de la France, par Piganiol de la Force. *Paris*, 1752, 2 vol. in-12, v.

840. Nouveau Voyage de France, par Piganiol de la Force. *Paris,* 1755, 2 vol. in-12, v.

841. Les Rivières de France, ou description géographique et historique du cours et débordement des fleuves, rivières, fontaines, lacs et étangs, etc., par Coulon. *Paris, Clousier*, 1644, 2 vol. in-8, vélin.

Bel exemplaire.

842. Abrégé chronologique de l'histoire de France, par le président Hénault, continuée jusqu'à 1830 par Michaud. *Paris, Proux*, 1842, gr. in-8, d.-rel.

843. Abrégé de l'histoire de France, par Gabriel Peignot. *Paris*, 1819, 1 vol. in-8, d.-rel. v.

844. Histoire de France depuis les temps les plus reculés jusqu'en 1789, par Henri Martin. *Paris, Furne*, 1855, 4e éd. 17 vol. in-8, d.-rel. v.

845. Histoire de la Gaule méridionale sous la domination des conquérants germains, par Fauriel. *Paris*, 1836, 4 vol. in-8, d.-rel. mar.

846. Histoire des Expéditions maritimes des Normands et de leur établissement en France au xe siècle, par Depping. *Paris*, 1844, 1 vol. in-12, d.-rel. v.

847. De la Féodalité, des institutions de saint Louis, et de l'influence de la législation de ce prince, etc., par F.-A. Mignet, avocat; ouvrage couronné en 1821. *Paris*, 1822, 1 vol. in-8, d.-rel. v.

Avec envoi de l'auteur.

848. Mémoire pour servir à l'histoire de la société polie en France, par P.-L. Rœderer. *Paris, Didot*, 1835, in-8, d.-rel. v. (*Capé*.)

849. Histoire des Modes françaises (par Molé, avocat). *Paris, Costard*, 1773, in-12, d.-rel. v.

850. Histoire des révolutions de la barbe des Français depuis l'origine de la monarchie. *Paris, Ponthieu*, 1826, in-12, br.

Publiée par Motteley.

851. Histoire de Charlemagne, par Gaillard. *Paris*, 1819, 2 vol. in-8, d.-rel. v.

852. Cérémonies des gages de bataille selon les constitutions du bon roi Philippe de France, représentées en onze figures... publiées d'après le manuscrit de la Bibliothèque du Roi, par Crapelet. *Paris, de l'impr. de Crapelet*, 1829, gr. in-8, pap. jésus vél. cart.

853. Les Demandes faites par le roi Charles VI, touchant son état et le gouvernement de sa personne, avec les réponses de Pierre Salmon, son secrétaire et familier, publiées d'après le manuscrit de la Bibliothèque du Roi, par G.-A. Crapelet. *Paris, Crapelet*, 1833, tr. gr. in-8, pap. vél. avec 10 planches et fac-simile, cart.

854. Le Combat de trente Bretons contre trente Anglais, publié d'après le manuscrit de la Biblio-

thèque du Roi, par G.-A. Crapelet. *Paris, Renouard*, 1827, gr. in-8, fig. et fac-simile, cart.

L'un des 12 exempl. en papier de Hollande.

855. L'Historial du jongleur. Chroniques et légendes françaises, publ. par Langlé et Morice. *Paris, Didot*, 1825, in-8. (*Bradel.*)

856. La Selle chevalière, par G. Peignot. *Paris, Techener*, 1836, in-8, br. de 16 pag.

Tirée à 180 exempl.

857. Chroniques de Jean d'Auton, avec une notice et des notes par Paul L. Jacob, bibliophile. *Paris, Silvestre*, 1834, 4 vol. in-8, br.

858. Jeanne d'Arc, ou coup d'œil sur les révolutions de France du temps de Charles VI et de Charles VII, par Berriat Saint-Prix. *Paris, Pillet*, 1817, in-8, d.-rel. veau.

859. Louis XI et le Plessis-lès-Tours, par Louyrette et de Croy. *Tours, Chevrier*, 1841, in-8, d.-rel. mar. n. fig. pap. vél.

860. Mémoires de messire Ph. de Comines. *Brusselle, Foppens*, 1714, 4 vol. in-8, v. fig.

861. Louis XII et François I^er^, ou mémoires pour servir à une nouvelle histoire de leur règne, etc., par P.-L. Rœderer. *Paris*, 1825, 2 vol. in-8, d.-rel. v. (*Capé.*)

Envoi d'auteur.

862. Histoire de François premier, par Gaillard. *Paris, Foucault*, 1819, 5 vol. in-8, d.-rel. v. portr.

863. Histoire de la captivité de François I^er^, par Rey. *Paris, Techener*, 1837, 1 vol. in-8, d.-rel. veau.

864. Conséquences du système de cour établi sous François I^er^ (par P.-L. Rœderer). *Paris*, 1833, in-8, d.-rel. v. (*Capé.*)

865. Mémoires de messire Pierre de Bourdeille, seigneur de Brantôme. *Leyde, J. Sambix le jeune, à*

*la Sphère*, 1666, 9 vol. pet. in-12, d.-rel. v. — Plus les Duels, 1722; en tout 10 vol.

866. Histoire de l'estat de la France sous le règne de François II, par Régnier, sieur de la Planche, publiée par Mennechet. *Paris*, *Techener*, 1836, pet. in-fol. cart.

867. Discours de Michel de l'Hospital, sur le sacre de François II..., trad. en vers par Claude Joly. *Paris*, *Didot*, 1825, pet. in-12, de 25 p. dos et coins de mar. r. tr. sup. dor. n. rog.

**Avec envoi autographe de l'éditeur Motteley.**

868. Satyre Ménippée, de la vertu du catholicon d'Espagne, etc. *Ratisbonne*, *Kerner*, 1752, 3 vol. in-8, v. m.

869. La Proscription de la Saint-Barthélemy (par Rœderer). *Paris*, 1830, in-8, d.-rel. v. (*Capé.*)

870. La Proscription de la Saint-Barthélemy, par Rœderer. *Paris*, *Bossange*, 1830, in-8, d.-rel. v. (*Capé.*)

871. Histoire du roy Henry le Grand, par Hardouin de Péréfixe. *Amst.*, *Elzevier*, 1664, pet. in-12, m. violet, tr. dor. (*Écusson de France sur les plats.*)

**Riche reliure de Capé.**

872. Mémoires du mareschal de Bassompierre, contenant l'histoire de sa vie. *Cologne*, *Pierre du Marteau*, 1666, 2 tom. pet. in-12, v. b.

873. Ambassade du maréchal de Bassompierre en Espagne l'an 1621. — Négociation du maréchal de Bassompierre envoyé ambassadeur en Angleterre, l'an 1626. *Cologne*, *Pierre Marteau*, 1668, 1 vol. in-12, v. b.

874. Maximes d'Etat, ou Testament politique du cardinal de Richelieu. *Paris*, 1764, 2 vol. in-8, v. b.

875. Histoire de France sous le ministère du cardi-

nal Mazarin, par Bazin. *Paris*, 1842, 2 vol. in-8, d.-rel. v.

876. Histoire de la Fronde, par le comte de Sainte-Aulaire. *Paris*, 1827, 3 vol. in-8, d.-rel. v.

877. Mazarinades. Le Mazarin portant la hotte. — Triolets du prince de Condé. — L'Eschelle des partisans. — L'Achat de Mazarin. — Apologie, 1649. *Lille*, *Vanackere*, 1853, in-8, br., n° 7.

878. Mazarinades. Le Regret du cardinal Mazarin sur le lèvement du siége de Cambray. — Le Portraict de l'inconstance des armes. — Harangue faite à la reine à Amiens, 1649. *Lille*, *Vanackere*, 1854, in-18, br., n° 64.

879. Le Courrier burlesque (par St-Julien). *Paris*, 1650, in-18, vél.

880. Le Palais Mazarin et les grandes habitations de ville et de campagne au XVII$^e$ siècle, par le comte de Laborde; notes. *Paris*, *Franck*, 1846, 1 vol. gr. in-8, br.

881. Mémoires du cardinal de Retz; édit. collationnée sur les manuscrits, avec les fragments restitués. *Paris*, 1842, 2 vol. in-12, d.-rel. v.

882. Mémoires de Joly, pour servir de suite aux mémoires du card. de Retz. *Rotterdam*, 1718, 2 tom. en 1 vol. in-12, v. m.

883. Histoire amoureuse des Gaules, par le comte de Bussi-Rabutin. *Paris*, 1754, 5 vol. pet. in-12, v. m. fil.

884. La Cour et la ville sous Louis XIV, Louis XV et Louis XVI, etc., par F. Barrière. *Paris*, 1830, 1 vol. in-8, d.-rel. v.

885. Intrigues politiques et galantes de la cour de France, etc., par A.-Marie Rœderer, ancien préfet. *Paris*, *Gosselin*, 1832, in-8, d.-rel. v.

886. Les Historiettes de Tallemant des Réaux; troisième édition, par de Monmerqué et Paulin Paris.

*Paris, Techener*, 1854-1860, 9 vol. in-8, dos et coins de mar. vert, tr. sup. dor. non rog.

887. Madame de Maintenon, peinte par elle-même (par M^me Suard); 3^e édit. *Paris, Janet et Cotelle*, 1828, 2 vol. in-8, d.-rel. v.

888. Conversations de M^me de Maintenon; édit de Monmerqué. *Paris*, 1828, pet. in-12, d.-rel. v.

889. Conversations inédites de M^me de Maintenon; édit. de Monmerqué. *Paris*, 1828, pet. in-12, d.-rel. v.

890. Mémoires complets et authentiques du duc de Saint-Simon sur le siècle de Louis XIV et la régence, etc. *Paris, Sautelet*, 1829, 21 vol. in-8, d.-rel. (*Capé*.)

891. Les Souvenirs de M^me de Caylus. *Paris, Renouard*, 1806, in-12, dos et coins de mar. tr. sup. dor. non rog. fig.

892. Mémoires du duc de la Rochefoucauld, augmentés de la 1^re partie. *Paris, Renouard*, 1817, in-12, dos et coins de mar. tr. sup. dor non rog. fig.

893. Mémoires sur la cour de Louis XIV et de la régence, par la duchesse d'Orléans, mère du régent. *Paris*, 1823, in-8, d.-rel.

894. Port-Royal, par Sainte-Beuve. *Paris, Hachette*, 1867, 6 vol. in-12, br.

895. Histoire de Law, par M. Thiers. *Paris*, 1858. - Law, son système et son époque, par Cochut. *Paris*, 1853, un vol. in-12, d.-rel. v.

896. Journal de Barbier. *Paris*, 1857, 8 vol. in-12, br.

897. Les Aventures de Pomponius, chevalier romain, ou histoire de notre temps (par Labadie, publiées par l'abbé Prévost). *Rome, héritiers de Ferrant-Pallavicini*, 1724, in-12, v.

Avec la clé manuscrite.

898. Histoire philosophique du règne de Louis XV, par le comte de Tocqueville. *Paris*, 1847, 2 vol. in-8, d.-rel. v.

899. Mémoires de M. le duc de Lauzun. *Paris*, *Barrois*, 1822, in-8, cart. (*Bradel*.)

900. Mémoires secrets pour servir à l'histoire de Perse (par Pecquet), avec la clef. *Berlin*, 1759, in-18, d.-rel. veau à nerfs. (*Petit*.)

901. Petit Dictionnaire de la cour et de la ville (par Clément, de Dijon). *Paris*, *Briand*, 1788, 2 tom. en un vol. in-12, dos et coins de mar. v. tr. sup. dor. non rog.

902. Introduction aux mémoires sur la Révolution française, par F. Grille. *Paris*, 1825, 2 vol. in-8, br.

903. Collection des mémoires relatifs à la Révolution française. *Paris*, *Baudouin*, 1825, 53 vol. in-8, br.

904. Constitution de la République française représentée par figures, gravées par F.-A. David. *Paris*, *an VIII*, in-18, v. fil.

905. Un Chapitre de la Révolution française, ou Histoire des journaux en France de 1789 à 1799, par Monseignat. *Paris*, 1853, in-12, br.

906. Testament d'un électeur de Paris, par Louis-Abel Beffroy-Reigny (dit le cousin Jacques). *Paris*, *l'an IV*, in-8, dos et coins de mar. tr. sup. dor. non rog.

907. Folies nationales, pour servir de suite à la constitution en vaudevilles, par Marchant. *Paris*, *chez les libraires royalistes*, 1792, in-64, br. fig.

908. Essai historique et patriotique sur les arbres de la Liberté, par Grégoire, membre de la Convention nationale. *Paris*, *Didot*, *an II*, in-18, pap. vél. d.-rel. m. n. rog.

On a joint une lettre autographe de l'auteur.

909. Marie-Antoinette et la Révolution française, par le comte Horace de Viel-Castel. *Paris*, *Techener*, 1859, in-12, br.

910. L'Esprit de la révolution de 1789, par P.-L. Rœderer. *Paris*, 1831, in-8, d.-rel. v. (*Capé.*)

911. Chronique de cinquante jours, du 20 juin au 10 août 1792, par P.-L. Rœderer. *Paris*, 1832, in-8, d.-rel. v. (*Capé.*)

912. Lettres, mémoires et documents sur la formation, le personnel, l'esprit du 1er bataillon des volontaires de Maine-et-Loire, et sur sa marche à travers les crises de la Révolution française; par F. Grille. *Paris*, *Amyot*, 1850, 4 vol. in-8, br.

913. Mémoires de la marquise de la Rochejaquelein. 5e édition. *Paris*, *Impr. roy.*, 1822, in-8, br.

914. Histoire de la Révolution française, par Mignet. *Paris*, *Didot*, 1833, 2 vol. in-8, nombreuses vignettes ajoutées, d.-rel. dos et c. de m. r. tr. sup. dor. non rog.

915. Histoire de la Révolution française, par M. Thiers. *Paris*, 1838, 10 vol. in-8, d.-rel. v. fig.

916. Histoire du Consulat et de l'Empire, par M. Thiers. *Paris*, 1845-1862, 20 vol. in-8, d.-rel. v. fig. atlas.

917. La Lanterne magique, histoire de Napoléon racontée par deux soldats, par Fréd. Soulié; ornée de 50 vignettes.... *Paris*, 1838, pet. in-8, d.-rel, mar. r.

918. Mémoires anecdotiques sur l'intérieur du palais de Napoléon, etc., par de Bausset. *Paris*, 1829, 4 vol. in-8, d.-rel. v.

919. Dictionnaire des étiquettes de la cour, etc., ou l'Esprit des étiquettes et des usages anciens, comparés aux modernes, par Mme la comtesse de Genlis. *Paris*, 1818, 2 vol. in-8, d.-rel. v.

920. Comme quoi Napoléon n'a jamais existé, ou Grand erratum, source d'un nombre infini d'errata à noter dans l'histoire du XIXe siècle; par Pérès, bibliothécaire de la ville d'Agen. 5e éd. *Paris*, *Delay*, 1842, in-64, br. 32 pages.

921. Les Soirées de Neuilly, esquisses dramatiques et historiques, publiées par M. de Fongeray (Dittmer et Cavé). 4e éd. *Paris*, 1828, 2 vol. in-8, d.-rel. v.

922. Relation historique, heure par heure, des événemens funèbres de la nuit du 13 février 1820, par Hapdé. *Paris*, *Dentu*, 1820, in-8, cart.

923. Népomucène-L. Lemercier à ses concitoyens, sur la grande semaine, par N.-L. Lemercier. *Paris*, *P. Renouard*, 1830, in-8, broch. 48 pages.

924. Réflexions d'un Français sur une partie factieuse de l'armée française, par Nép.-L. Lemercier. *Paris*, *Dentu*, 1815, in-8, br. 32 pages.

925. Manuscrit inédit de Louis XVIII, précédé d'un examen de sa vie politique jusqu'à la charte de 1814, par Martin Doisy. *Paris*, *Michaud*, 1839, in-8, d.-rel. v.

926. Anecdotes du XIXe siècle, par Collin de Plancy. *Paris*, *Painparré*, 1821, 2 vol. in-8, d.-rel. mar.

927. Souvenirs historiques de la révolution de 1830, par S. Berard, député de Seine-et-Oise. *Paris*, *Perrotin*, 1834, in-8, pap. vél. dos et coins de mar. tr. sup. dor. non rog.

928. Précis historique de la Maison d'Orléans, par un membre de l'Université (Gabriel Peignot). *Paris*, *Crapelet*, 1830, in-8, br.

929. Souvenirs contemporains d'histoire et de littérature, par M. Villemain. *Paris*, *Didier*, 1854, in-8, br.

930. Madame la duchesse d'Orléans, Hélène de Mecklembourg-Schwerin (par la marquise d'Harcourt). *Paris*, 1859, in-8, br.

931. Revue rétrospective, ou Archives secrètes du dernier gouvernement : 1830-1848. *Paris, Paulin*, 1848, in-4, d.-rel. v. non rog.

Avec l'appendice comprenant les numéros 32 et 33.

932. Bulletins de la République émanés du ministère de l'intérieur, du 13 mars au 6 mai 1848; collection complète avec une préface par un haut fonctionnaire en activité. *Paris*, 1848, in-18, d.-rel. v.

933. Souvenirs et Impressions d'un ex-journaliste pour servir à l'histoire contemporaine (par Nouguier père). *Paris*, 1856, in-8, br.

934. Les Zouaves et les Chasseurs à pied, esquisses historiques (par H. d'Orléans, duc d'Aumale). *Paris*, 1855, in-18, dos et coins de mar. violet, tr. sup. dor. non rog.

935. Le Petit Tableau de Paris (par Ruhlières). *S. l.*, 1783, in-12, v. m.

936. Description historique de la ville de Paris et de ses environs, par Piganiol de la Force. *Paris*, 1765, 10 vol. in-12, v. m.

937. Histoire physique, civile et morale de Paris, par Dulaure. *Paris*, 1823, 10 vol. in-8, d.-rel. v. atlas.

938. Mes Voyages aux environs de Paris, par Delort. *Paris*, 1821, 2 vol. in-8, d.-rel. v.

939. Essai sur les cloaques ou égoûts de la ville de Paris, par Parent-Duchâtelet. *Paris*, 1824, in-8, br.

940. Paris, ses fauxbourgs et ses environs, où se trouve le détail des villages, maisons, grands chemins pavez et autres, des hauteurs, bois, vignes, terres et prez, levez géométriquement par le sieur Roussel, capitaine ingénieur. *Revu et augmenté l'an IV de la République française*. Sur toile.

941. Les Carrosses à cinq sols, ou les Omnibus du

XVII<sup>e</sup> siècle (par M. de Monmerqué). *Paris*, *Didot*, 1828, in-12, dos et coins de mar. violet, tr. sup. dor. non rog.

942. Versailles ancien et moderne, par le comte Alex. de Laborde. *Paris*, 1839, gr. in-8, fig. d.-rel. dos et coins de mar. r. tr. sup. dor. non rog. (*Capé.*)

943. Neuilly, Notre-Dame et Dreux, par C.-F. (Cuvillier-Fleury). *Paris*, 1842, 1 vol. in-8, br. (*Envoi de l'auteur.*)

944. Histoire de la ville et du château de Saint-Germain-en-Laye. *Saint-Germain*, *Goujon*, 1829, gr. in-8, d.-rel. v. cartes.

945. Diaire, ou Journal du voyage du chancelier Séguier en Normandie après la sédition des nu-pieds....., publ. par Floquet. *Rouen*, *Ed. Frère*, 1842, in-8, dos et coins de mar. tr. sup. dor. non rog.

946. Histoire du Parlement de Normandie, par A. Floquet. *Rouen*, *Ed. Frère*, 1840, 7 vol. in-8, d.-rel. mar.

947. Histoire des anciennes corporations d'arts et métiers et des confréries religieuses de la capitale de la Normandie, par Ouin-Lacroix. *Paris*, *Lecointe*, 1850, gr. in-8, d.-rel. v. (*Capé.*)

948. Histoire du château d'Arques, par A. Deville. *Rouen*, 1839, gr. in-8, d.-rel. v. fig.

949. Essais historiques et anecdotiques sur l'ancien comté, les comtes et la ville d'Evreux, par Masson de Saint-Amand. *Evreux*, 1813, in-8, d.-rel. v.

950. Essais historiques sur le Béarn, par Faget de Baure. *Paris*, 1818, in-8, br.

951. Esquisses sur Navarre par d'Avannes, notes et pièces justificatives par le même. *Rouen*, *Nicétas Périaux*, 1839, 2 vol. gr. in-8, pap. jésus, dos

et coins de maroquin vert, tr. sup. dor. non rog. pl.

952. Marseille et les Marseillais, par Méry. *Paris*, 1860, in-12, br.

953. Histoire de Marseille, par Augustin Fabre. *Marseille*, 1829, 2 vol. gr. in-8. (*Bradel.*)

954. La Lorraine, antiquités, chroniques, légendes, par L. et Eug. de Mirecourt. *Nancy*, 1839, 3 vol. gr. in-8, d.-rel. v. fig.

955. Anecdotes relatives à une ancienne confrairie de buveurs, établie sur les confins de la Lorraine et de l'Alsace, manuscrit par l'abbé Grandidier, etc. *Nancy*, *Cayon-Liébault*, 1850, in-8, cart. pap. de Hollande.

Tiré à petit nombre.

956. Histoire de l'Agenais, du Condomois et du Bazadais, par Samazenilh. *Auch*, 1846, 2 vol. in-8, d.-rel. v.

957. Histoire du château de Blois, par de la Saussaye. *Paris*, 1850, in-12, demi-rel. v. fig.

958. Histoire d'Aigues-mortes, par Di Pietro. *Paris*, 1849, in-8, d.-rel. v.

959. Le Château du Lude, essai historique sur son origine et ses possesseurs, par l'auteur de Jehan Daillon (David). *Paris*, 1854, gr. in-8, br.

960. Jehan Daillon, seigneur du Lude, drame historique (par M. David). *Paris*, 1854, gr. in-8, br.

## IV. HISTOIRE ÉTRANGÈRE.

962. De l'Allemagne, par Mad. de Staël, préf. par Marmier. *Paris*, *Charpentier*, 1842, in-12, d.-rel. v.

963. Histoire de la guerre de Trente ans, par Schiller, trad. par la baronne de Carlowitz. *Paris*, *Charpentier*, 1841, in-12, d.-rel. v.

964. Histoire des Bohémiens, ou tableau des mœurs, usages et coutumes de ce peuple nomade..., par Grellmann, trad. de l'allemand par M. J. *Paris, Chaumerot*, 1810, in-8, dos et coins de mar. r. tr. sup. dor. non rog.

965. Histoire du gouvernement de Venise, par Amelot de la Houssaie. *Lyon*, 1768, 3 vol. in-12, v. fig.

966. Le Couvent de Baïano, chronique du XVI^e siècle, par J. C., précédée de recherches sur les couvents au XVI^e siècle, par P.-L. Jacob, bibliophile. *Paris*, 1829, in-8, br.

967. Un vol. in-16, d.-rel. mar.

Contenant : Mémoires de Hollande, histoire particulière en forme de roman, par M^me de la Fayette, publ. par Barbier. *Paris, Techener*, 1856. — Nouveaux éclaircissements sur les mémoires de Hollande, par Ap. Briquet. *Paris, Techener*, 1857.

968. Essai sur les Antiquités du Nord et les anciennes langues septentrionales, par Charles Pougens. *Paris, Pougens, an VII* (1799), in-8, d.-rel. v.

969. Histoire de la Russie réduite aux seuls faits importants (par Sylvain Maréchal). *Paris*, 1807, in-8, fig. d.-rel. v.

970. La Russie en 1839, par le marquis de Custine. *Bruxelles*, 1844, 4 vol. in-12, d.-rel. v.

971. Histoire de la Révolution de 1688 en Angleterre, par Mazure. *Paris, Gosselin*, 1825, 3 vol. in-8, d.-rel. v.

972. Résumé de l'histoire d'Écosse, d'Angleterre, etc. *Paris*, 1825, 5 vol. in-18, rel. v. n. rog.

973. Histoire des révolutions de Suède, par Vertot. *Paris, Renouard*, 1795, 2 vol. in-8, grand pap. br.

974. Histoire des révolutions de Portugal, par Vertot. *Paris, Renouard*, 1795, in-8, gr. pap. vél. d.-rel. non rog. portr.

975. Histoire des révolutions de Suède, par M. de Fontenelles (*sic*) (par l'abbé de Vertot). *Amsterdam, L. de Lorme*, 1696, 2 part. en 1 vol. pet. in-12, vélin.

976. Histoire des révolutions de Suède, par Vertot. *Paris, Renouard,* 1795, 2 vol. in-8, br. pap. vél.

977. Histoire de l'état présent de l'Empire ottoman, par Briot. *Amsterdam, Wolfgank,* 1670, pet. in-12, d.-rel. v.

978. Histoire de l'Arménie, trad. de l'arménien du patriarche Jean VI, par J. Saint-Martin. *Paris, Impr. roy.*, 1841, in-8, d.-rel. v. (*Capé.*)

## V. ARCHÉOLOGIE.

979. Résumé complet d'archéologie, par Champollion-Figeac. *Paris*, 1825, 2 vol. in-32, d.-rel. v.

980. Recueil de Dissertations archéologiques, par Quatremère de Quincy. *Paris*, 1836, gr. in-8, br. f.

981. Les Furies, d'après les poëtes et les artistes anciens, par M. Bœttiger; trad. de l'allemand par Winckler. *Paris*, *Delalain,* 1802, in-8, dos et c. de mar. r. tr. sup. dor. non rog. fig.

982. Sabine, ou Matinée d'une dame romaine à sa toilette, à la fin du 1er siècle de l'ère chrétienne, trad. de l'allemand de Bœttiger. *Paris*, *Maradan,* 1813, in-8, d.-rel. dos et c. de mar. r. tr. sup. dor. non rog. fig.

983. Histoire des Vestales, avec un Traité du luxe des dames romaines, par l'abbé Nadal. *Paris,* 1725, in-12, v.

984. Promptuaire des médailles des plus renommées personnes qui ont été depuis le commencement du monde, etc. *Lyon*, *G. Roville,* 1576, in-4, vél.

985. Histoire des médailles, ou Introduction à la connaissance de cette science, par Charles Patin. *Paris, veuve Cramoisy*, 1695, in-12, d.-rel. v. fig. (*Allô.*)

986. De l'Origine des étrennes, par Jacob Spon. *Paris, Didot l'aîné*, 1781, in-18, pap. vél. d.-rel. dos et coins de mar. r. n. rog. (*Capé.*)

Opuscule tiré à petit nombre.

987. Notice sur le tombeau des Énervés de Jumiéges, par Hippolyte Langlois, du Pont de l'Arche, *Rouen*, 1825, in-8, br. fig.

## VI. HISTOIRE LITTÉRAIRE.

988. Rapport historique sur les progrès de l'histoire et de la littérature ancienne depuis 1789, et sur leur état actuel, par Dacier. *Paris, Impr. impériale*, 1810, gr. in-8, br.

989. Histoire de la littérature grecque, par A. Pierron. *Paris, Hachette*, 1850, in-12, d.-rel. v.

990. La Grèce, Rome et Dante, études littéraires d'après nature, par Ampère. *Paris, Didier*, 1848, in-12, d.-rel. v.

991. Histoire de la littérature romaine, par A. Pierron. *Paris, Hachette*, 1852, in-12, d.-rel. v.

992. Atlas historique et chronologique des littérateurs anciens et modernes, des sciences et des beaux-arts, par A. Jarry de Mancy. *Paris, J. Renouard*, 1831, gr. in-fol. br.

993. Histoire de la littérature française avant le XIIe siècle, par J.-J. Ampère. — Introduction. — Histoire de la formation de la langue française. *Paris*, 1839-1841, 4 vol. in-8, d.-rel. mar.

994. Un vol. in-12, d.-rel. v.

Contenant : Tableau de la littérature française au dix-huitième siècle, par de Barante. *Charpentier*, 1842. — Essai sur l'histoire de France, par Guizot. *Paris, Charpentier*, 1841.

995. Histoire de la littérature française, par D. Nisard, de l'Académie française. *Paris, Didot*, 1854-1861, 4 vol. in-8, br.

996. Résumé de l'histoire de la littérature française, par Baron. *Paris*, 1835, in-18, cart. — Résumé de l'histoire de la littérature latine, par Lécluse. *Paris*, 1837, in-18, cart. — Résumé de l'histoire de la littérature grecque, par Lécluse. *Paris*, 1837, in-18, cart.

997. Bibliothèque pastorale, ou Cours de littérature champêtre, rec. par Chaussard. *Paris*, 1803, 4 vol. in-12, d.-rel. v. non rog. fig.

998. Plaisantes Recherches d'un homme grave sur un farceur. — Prologue tabarinique pour servir à l'histoire littéraire et bouffonne de Tabarin, par M. C. L. (Leber.) *Paris, Crapelet*, 1835, gr. in-16, d.-mar. tr. sup. dor. non rog.

Exempl. pap. jésus de Hollande, n° 2.

999. Histoire de la Querelle des anciens et des modernes, par Hipp. Rigault. *Paris*, 1856, in-8, br.

1000. Continuation des Mémoires de littérature et d'histoire, par le P. Desmolets. *Paris*, 1749, 11 vol. in-12, parch.

1001. Journal historique, ou Mémoires critiques et littéraires, par Ch. Collé. *De l'Imprimerie bibliographique*, 1807, 3 vol. in-8, cart. (*Bradel.*)

1002. Portraits littéraires, par Sainte-Beuve. *Paris, Didier*, 1844, 2 vol. in-12, br.

1003. Singularités historiques et littéraires, par Hauréau. *Paris*, 1861, in-12, br.

1004. Histoire littéraire des fous, par Octave Delepierre. *Londres*, 1860, pet. in-8, d.-rel. n. rog.

1005. Histoire littéraire d'Italie, par Ginguené (les 9 premiers vol.) et Salfi (les vol. suivants). *Paris, Michaud*, 1811 à 1835, 14 vol. in-8, d.-rel. v. non rog. portr. (*Capé.*)

1006. Histoire comparée des littératures espagnole et française, par Ad. de Puibusque. *Paris,* 1843, 2 vol. in-8, d.-rel. v.

Ouvrage couronné en 1842 par l'Académie française.

1007. Nouveau Dictionnaire des origines, par Noël et Charpentier; 2e édit. *Paris*, 1833, 4 vol. in-8 réunis en 2, d.-rel. mar.

## VII. BIOGRAPHIE.

1008. Biographie universelle ancienne et moderne. *Paris*, *Michaud frères,* 1811-28, 52 vol. Supplément, vol. 53 à 83, d.-rel. v. unif.

1009. Biographie portative universelle, suivie d'une Table chronologique et alphabétique, etc., par Lalanne, Rénier, Bernard, etc. *Paris*, *Dubochet*, 1844, gr. in-12 de 1963 pages, chagrin.

1010. Dictionnaire historique et critique de Pierre Bayle, nouv. éd. (publiée par Beuchot). *Paris*, 1820, 16 vol. in-8, d.-rel. mar.

1011. Vies des hommes illustres de Plutarque, trad. par A. Pierron. *Paris*, 1843, 4 vol. in-12, d.-rel. v.

1012. Histoire des Favorites, par Mlle D*** (de La Roche Guilhem). *Constantinople* (*Amsterdam*, 1699), in-12 v.

1013. Abélard et Héloïse, leurs amours, leurs malheurs et leurs ouvrages, par Villenave. *Paris*, 1834, in-8, d.-rel. dos et c. de mar. bl. tr. sup. dor. non rog.

Extrait d'un Cours d'histoire littéraire de France.
Tiré à 50 exemplaires sur pap. vél. de couleur.

1014. La Vie publique de Montaigne, par Alph. Grün. *Paris*, *Amyot*, 1855, in-8, br.

1015. Étienne de la Boëtie, étude sur sa vie et ses ouvrages, par Léon Feugère. *Paris*, *Jules Labitte*, 1845, in-8, d.-rel. v.

1016. La Vie de Descartes (par Baillet), réduite en abrégé. *Paris*, *Cramoisy*, 1693, in-12, v. m.

1017. Journal inédit d'Arnauld d'Andilly, publ. par Halphen. *Paris*, *Techener*, 1857, in-8, br.

1018. Recherches sur la maison où naquit J.-L. Guez de Balzac, etc., par Eusèbe Castaigne, bibl. de la ville d'Angoulême. *Angoulême*, 1846, in-8, br. portr.

1019. Madame de Longueville, par V. Cousin. *Paris*, *Didier*, 1855, in-8, br. portr.

1020. Madame de Sablé, par V. Cousin. *Paris*, *Didier*, 1854, in-8, br.

1021. Madame de Chevreuse et Madame de Hautefort, par V. Cousin. *Paris*, *Didier*, 1856, in-8, br. portr.

1022. Mémoires touchant la vie et les écrits de Mme de Sévigné, par Walckenaer. *Paris*, *Didot*, 1842, 5 vol. in-12, d.-rel. v. (*Capé*.)

1023. Histoire de Bossuet, par le card. de Bausset. *Versailles*, 1819, 4 vol. in-8, v. portr.

1024. Histoire de Fénelon, par le card. de Bausset. *Versailles*, 1817, 4 vol. in-8, v. portr.

1025. Fontenelle, ou de la Philosophie moderne, par Flourens. *Paris*, *Paulin*, 1847, in-12, d.-rel. v. (*Capé*.)

1026. Mémoires de M. Fr. Maucroix. *Société des bibliophiles de Reims*, 1842, in-12, dos et coins de mar. r. tr. sup. dor. non rogné.

N° 59.

1027. Vie de Cambronne, par F. Rogeron de la Vallée. *Nantes*, 1853, gr. in-8, d.-rel. v., lettre autographe ajoutée, portr.

1028. Recueil de notices historiques, par Quatremère de Quincy. *Paris*, 1834, gr. in-8, br. — Suite du même Recueil. *Paris*, 1837, gr. in-8, br.

1029. Vie de Voltaire, par Condorcet. *Kehl*, 1785, gr. in-8. (*Bradel.*)

1030. Vie privée de Voltaire et de M^me du Châtelet (par madame de Graffigny). *Paris*, 1820, in-8, d.-rel. v.

1031. Précis historique de la vie de M. de Bonnard, par M. Garat. *Paris, impr. de Monsieur*, 1785, in-18, d.-rel. dos et coins de mar. v. dor. en tête, n. rog.

1032. Éloge historique de Sylvain Bailly (par Mérard Saint-Just). *Paris*, 1794, in-18, pap. vél. d.-rel. m. n. rog.

1033. Portraits politiques et révolutionnaires, par Cuvillier-Fleury. *Paris*, *Lévy frères*, 1852, 2 vol. in-12, br.

1034. Biographie des Quarante de l'Académie française (par Barthélemy). *Paris*, 1826, in-8, d.-rel. v.

1035. Histoire de Dante Alighieri, par Artaud de Montor. *Paris*, 1841, gr. in-8, d.-rel. v.

1036. Machiavel, son génie et ses erreurs, par Artaud. *Paris*, *Didot*, 1833, 2 vol. in-8, br. portr.

1037. Clément XIV et Carlo Bertinazzi (par Henri de la Touche). *Paris*, *Baudoin*, 1829, 2 vol. in-32, d.-rel. v.

1038. Éloge historique de Jean Gensfleich dit Guttenberg, premier inventeur de l'art typographique à Mayence; par Née de la Rochelle, juge de paix à la Charité-sur-Loire. *Paris*, 1811, in-8, br. portr.

1039. Vie politique, littéraire et privée de Ch.-J. Fox, par Martinet. *Paris*, 1807, in-8, br. pap. vél.

1040. Vie de Jean Howard, célèbre philanthrope anglais, trad. de l'anglais d'Aikin, par A. M. H. B. (Boulard). *Paris*, 1796, in-12, br.

1041. Salomon Gessner, trad. de l'allemand de M. Hottinguer (par Meister). *Zurich*, 1797, in-12, d.-rel. v. (*Capé.*)

## VIII. BIBLIOGRAPHIE.

1042. De l'Origine et des débuts de l'Imprimerie en Europe, par Aug. Bernard. *Paris, Imprimerie impériale*, 1853, 2 vol. in-8, br.

1043. Recherches historiques, généalogiques et bibliographiques sur les Elsevier, par De Reume. *Bruxelles*, 1847, in-8, br. (*Armes des Elsevier; portrait de Mathieu.*)

1044. Plan d'une bibliothèque universelle. Étude des livres. Catalogue. Par L. Aimé-Martin. *Paris*, 1837, in-8, d.-rel. v.

1045. Bibliothéconomie, ou Nouveau Manuel complet pour l'arrangement des bibliothèques, par Constantin (Hesse). *Paris*, *Roret*, 1841, in-18, d.-rel. v.

1046. Nouvelle Bibliothèque d'un homme de goût, par Barbier et Desessarts. *Paris*, 1817, 4 vol. in-8, br.

1047. Manuel du libraire, du bibliothécaire et de l'homme de lettres, par un libraire. *Paris*, 1828, in-18, d.-rel. v.

1048. Manuel du bibliophile, par Peignot. *Dijon*, 1823, 2 vol. in-8, d.-rel. mar.

1049. Manuel du libraire et de l'amateur de livres, par Ch. Brunet. 4e édit. *Paris*, 1842, 5 vol. in-8, br.

1050. Les Auteurs déguisés de la littérature française au XIXe siècle, par Quérard. *Paris*, 1845, in-8, br. 84 pages.

1051. Les Supercheries littéraires dévoilées : galerie des auteurs apocryphes, supposés, déguisés, plagiaires, et des éditeurs infidèles de la littérature française pendant les quatre derniers siècles, par J.-M. Quérard. *Paris,* 1847, 5 vol. in-8, d.-rel. v. non rog.

1052. Les Écrivains pseudonymes et autres mystificateurs de la littérature française restitués à leurs véritables noms, par Quérard. *Paris*, 1854, 2 vol. in-8, br.

Le 1er complet, le 2e incomplet.

1053. Le Quérard, journal de bibliographie, d'histoire littéraire et de biographie françaises; par l'auteur de la France littéraire, etc. (J.-M. Quérard). *Paris,* 1855-1856, 2 vol. in-8, d.-rel. v. non rog.

1054. Dictionnaire des ouvrages anonymes et pseudonymes, par M. Barbier; 2e édition. *Paris*, *Barrois*, 1822-27, 4 vol. in-8, d.-rel. mar.

1055. Nouveau Recueil d'ouvrages anonymes et pseudonymes, par de Manne. *Paris,* 1834, in-8, d.-rel. mar.

1056. La Bibliothèque françoise, de M. Sorel. *Paris*, 1667, in-12, v. m.

1057. Bibliographie de la France, ou Catalogue de tous les ouvrages imprimés en français depuis le xve siècle jusqu'en 1845, par Girault de Saint-Fargeau. *Paris* (*Didot*), 1845, in-8, d.-rel. v.

1058. Bibliographie voltairienne (par Quérard). *Paris*, *Didot,* 1842, in-8, d.-rel. mar.

1059. Recherches sur les bibliothèques anciennes et modernes jusqu'à la fondation de la bibliothèque Mazarine, par Petit-Radel. *Paris*, 1819, in-8, d.-rel. v. fig.

1060. Catalogue des livres composant la bibliothèque poétique de M. Viollet-le-Duc, avec des notes bibliographiques, biographiques et littéraires sur chacun des ouvrages catalogués, pour servir à l'histoire de la poésie en France. *Paris*,

1843. — 2e partie : chansons, fabliaux, contes en vers et en prose. *Paris*, 1847. — Les deux parties en un vol. in-8, d.-rel. v. nerfs, dor. en tête.

1061. Catalogues Vandenzande : Catalogue de sa bibliothèque. *Techener*, 1854, gr. pap. 3 exemplaires. — Catalogue de son cabinet d'estampes, par Guichardot, 1855, 2 ex. en gr. pap., 6 ex. en pap. ord.

1062. Catalogues des Livres : de Ch. Giraud, 1855; — Duputel, 1839; — Arm. Bertin, 1854; — Venant, 1855; — Vander Helle. 1868; — et autres catalogues : 15 vol. in-8, br.

1063. Bulletin du Bibliophile, publié par Techener, 1834 à 1869; exemplaire complet. 24 vol. cart. brad., le reste en livraisons.

1064. Un Million de faits; aide-mémoire universel. *Paris*, 1843, in-12, d.-rel.

# TABLE DES DIVISIONS.



FIN DE LA TABLE DES DIVISIONS.

www.ingramcontent.com/pod-product-compliance
Ingram Content Group UK Ltd.
Pitfield, Milton Keynes, MK11 3LW, UK
UKHW021102260726
13994UKWH00002B/666